WOW PSYCHOLOGY
ENCYCLOPEDIA

# すごい 心理術大全

「心」と「行動」の関係がわかれば人生は思い通り

*Nishijima Hideho*

## 西島秀穂

SOGO HOREI PUBLISHING CO., LTD

## はじめに

　人が何を思っているのか、何を考えているのか。そして、その時の気分はどんなものなのか……、その思いや気分でどんな行動をとるのか……。そんなことを心理術を知ることによってわかっていくことになります。目の前の相手が、たとえ気持ちを話してくれなくても、ある程度どんな気分かはわかってしまうのです。すごいですよね。

　心理術は、みなさんが知らない間に、日常生活に溶け込んでいます。

　コミュニケーションや行動に直結する人の心模様を知る術ですから、特にビジネスシーンでは、人の消費行動を操るものとして、また、お客様や相手の気持ちを理解したり、本音を引き出したり、相手にこちらを認識してもらったりと、セールス、マーケティング、マネジメント、人材育成などあらゆるシーンで使われています。

　人と人にまつわることといえば、親子、家族の関係、恋愛といった

男女のコミュニケーションにとくに利用価値は高いものなのではないでしょうか。器の小さな男と思われたくない、苦手な人と上手くやっていくにはどうしたらいいのかなど、そこで使えるのが心理術です。つまり、人間の心や行動、人間関係を知る術なのです。

　本書では、日常生活やビジネスで使える 300 以上の心理術のテクニックを紹介します。対象別・シチュエーション別に表記することでわかりやすくなっていると思います。また、身の周りに起こる現象などを「知っていると楽しい心理の雑学」として、心理術の理解を深めるうえで有益な学説「押さえておくべき心理の法則」も記しました。「すべての悩みは対人関係から発生する」と言った人もいます。ぜひ心理術を知り、コミュニケーションの達人になっていただければと思います。

# 本書の使い方

## 1～4章

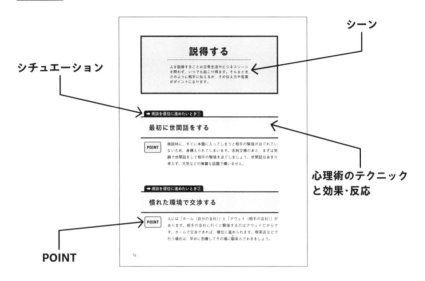

シーン

シチュエーション

心理術のテクニックと効果・反応

POINT

### シーン

心理術を使う目的・テーマ・準備

### シチュエーション

誰に、どのような状況でどう使うか

### 心理術のテクニックと効果・反応

心理術の具体的な使い方とその反応や、
人の行動・仕草に対応する心理術テクニックを紹介

### POINT

心理術を活用するうえでどういった意味や効能があるのか、
また注意すべきポイントを表記

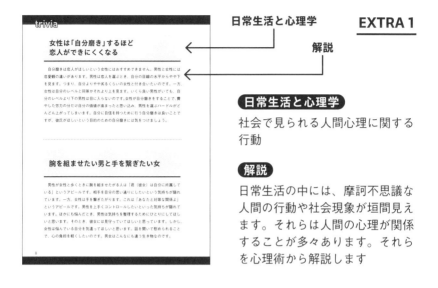

**日常生活と心理学**

**EXTRA 1**

**解説**

trivia

**女性は「自分磨き」するほど恋人ができにくくなる**

自分磨きは恋人がほしいという女性にはおすすめできません。男性と女性には恋愛観の違いがあります。男性は恋人を選ぶとき、自分の目線の水平からやや下を見ます。つまり、自分よりやや劣るくらいの女性と付き合いたいのです。一方、女性は自分のレベルと同等かそれより上を見ます。いくら良い男性がいても、自分のレベルより下の男性は目に入らないのです。女性が自分磨きをすることで、費やした労力の分だけ自分の価値が高まったと思い込み、男性を選ぶハードルがどんどん上がってしまいます。自分に自信を持つために行う自分磨きは良いことですが、彼氏がほしいという目的のための自分磨きには気をつけましょう。

**腕を組ませたい男と手を繋ぎたい女**

男性が女性と歩くときに腕を組ませたがる人は「君（彼女）は自分に所属している」というアピールです。相手を自分の思い通りにしたいという気持ちが隠れています。一方、女性は手を繋ぎたがります。これは「あなたと対等な関係よ」というアピールです。男性を上手くコントロールしたいといった気持ちが隠れています。ほかに悩んだとき、男性は気持ちを整理するためにひとりにしてほしいと思います。そのとき、彼女には見守っていてほしいと思っています。しかし、女性は悩んでいる自分を気遣ってほしいと思います。話を聞いて慰められることで、心の負担を軽くしたいのです。男女はこんなにも違う生き物なのです。

8

**日常生活と心理学**

社会で見られる人間心理に関する行動

**解説**

日常生活の中には、摩訶不思議な人間の行動や社会現象が垣間見えます。それらは人間の心理が関係することが多々あります。それらを心理術から解説します

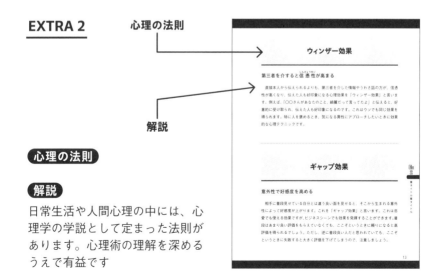

**EXTRA 2**

**心理の法則**

**解説**

ウィンザー効果

**第三者を介すると信憑性が高まる**

直接本人から伝えられるよりも、第三者を介した情報やうわさ話の方が、信憑性が高くなり、伝えた人も好印象になる心理効果を「ウィンザー効果」と言います。例えば「○○さんがあなたのこと、綺麗だって言ってたよ」と伝えると、好意的に受け取られ、伝えた人も好印象になるのです。これはウソでも同じ効果を得られます。特に人を褒めるとき、気になる異性にアプローチしたいときに効果的な心理テクニックです。

ギャップ効果

**意外性で好感度を高める**

相手に普段見せている自分とは違う良い面を見せると、そこから生まれる意外性によって好感度が上がります。これを「ギャップ効果」と言います。これは恋愛でも使える効果ですが、ビジネスシーンでも効果を発揮することができます。普段はあまり良い評価をもらえていなくても、ここぞというときに綺麗になると高評価を得られるでしょう。ただし、逆に普段良い人だと思われていても、ここぞというときに失敗すると大きく評価を下げてしまうので、注意しましょう。

13

**心理の法則**

**解説**

日常生活や人間心理の中には、心理学の学説として定まった法則があります。心理術の理解を深めるうえで有益です

# 目次

## 第1章　相手を操る心理術

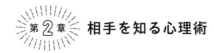
# 第2章 相手を知る心理術

# 第3章 自分の感情をコントロールする心理術

# 第4章 自分を良く見せる心理術

## EXTRA ① 知っていると楽しい心理の雑学

## EXTRA ② 押さえておくべき心理の法則

DTP
横内俊彦

第1章

# 相手を操る心理術

相手が快く自然と動くことが大切です。人が思わず
そうしたくなるような、無意識のうちに動いてしま
う心理術を紹介します。

# 説得する

人を説得することは日常生活やビジネスシーン
を問わず、いつでも起こり得ます。そんなとき、
どのように相手に伝えるか、その伝え方や言葉
がポイントになります。

**➡ 商談を優位に進めたいとき①**

## 最初に世間話をする

**POINT**　商談時に、すぐに本題に入ってしまうと相手の緊張がほぐれてい
ないため、身構えられてしまいます。名刺交換のあと、まずは笑
顔で世間話をして相手の緊張をほぐしましょう。世間話はあまり
考えず、天気などの無難な話題で構いません。

**➡ 商談を優位に進めたいとき②**

## 慣れた環境で交渉する

**POINT**　人には「ホーム（自分の会社）」と「アウェイ（相手の会社）」が
あります。相手の会社に行くと緊張するのはアウェイだからで
す。ホームで交渉できれば、優位に進められます。喫茶店などで
行う場合は、早めに到着してその場に馴染んでおきましょう。

# 「たくさんの人」の存在をほのめかす

**POINT** 日本人は協調性を大切にしているため、周囲の人を気にする傾向にあります。この傾向を活用して、「たくさんの人」が関係していることを伝えるのです。これは数が増えれば増えるほど、効果があります。人数の多さで勝負しましょう。

# 言葉や資料ではなく、実物を見せる

**POINT** データや資料を見せるよりも実物を見せた方が効果的だと言われています。実物を見せると相手の印象に残り、説得力がアップするのです。例えば、食べ物を PR する場合、実際に試食させるなど、工夫してみましょう。

# 最初に過大な要求を提示し、
# そのあとに小さな要求を提示する

**POINT** 人は断ると何かしらの罪悪感を覚えます。すると後ろめたさから次の要求に応えようとします。その心理を使って、まずは過大な要求をします。断られたあとに小さな要求（本当の要求）を提示します。すると、意外とすんなりと要求は通るでしょう。

1

相手を操る心理術

# ネガティブなこともポジティブに
# 変換して伝える

**POINT**　伝え方次第で相手のとらえ方は180度変わります。例えば、「失敗する可能性は30%あります」よりも「成功する可能性は70%あります」と伝える方が、受け手は挑戦してみようと前向きな気持ちになります。伝えるときはポジティブを意識しましょう。

# 値段の端数を「8」にする

**POINT**　価格の端数はよく「8」に設定されています。「8」という数字は、消費者にお得感を与える効果があると言われています。商談やプレゼンなどで価格交渉をする際も、金額の端数を「8」にしてみると契約の成功率が高まるでしょう。

# 単位を変えて桁数を多く見せる

**POINT**　人は桁数が多いものを多いと認識する傾向にあります。例えば「ビタミンC1g入り」よりも「ビタミンC1000mg入り」と記す方が多い印象を受けます。しかし、1gと1000mgは同じ量です。このように桁数を多く表記すると、同じ内容でも目を引きます。

# 話に興味津々な相手には、
# 結論をあと回しにして話す

**POINT** あなたの話に興味津々な人やきちんと聞いてくれそうな人には、当たり障りのない話をしてから、重要な話をする「クライマックス法」で伝えましょう。結論を最後に持っていくことで、話が盛り上がり、結論や重要な情報が際立つでしょう。

# 話に興味がなさそうな相手なら、
# 結論を先に話す

**POINT** あなたの話に興味がなさそうな人や急いでいる人には、結論から話す「アンチクライマックス法」で伝えましょう。興味のない人や急いでいる人は長々と話すと、結論が見えず、イライラしてきます。結論から話すことで、インパクトを与えることができます。

# 大きな身振り手振りで話す

**POINT** ちょっとおおげさな身振り手振りは、相手に力強さや頼もしい印象を与えます。特に商談やプレゼンなどでは、熱意を伝える必要があり、話の重要な部分で取り入れると、熱意が伝わるでしょう。身振り手振りは自分自身をリラックスさせる効果もあります。

1

相手を操る心理術

# まばたきをしない

**POINT**

人はウソをつくとまばたきが多くなります。それは、動揺している気持ちを落ち着かせようとしているからです。まばたきの多い人は、疑わしい、信用ならないという印象を与えます。信用させたいときは意識的にまばたきを減らすか、眼鏡をかけましょう。

# 具体的な数値を示す

**POINT**

「利益が増えます」ではなく「半年後に〇円、1年後には〇〇円」など、具体的な数値を示すと説得力がアップします。ほかにも「500円玉サイズ」など、相手がイメージしやすいことが重要です。会議やプレゼンで伝えるとき、数字は必要不可欠です。

# 権威ある人の名前を出す

**POINT**

もし、あなたの意見を全く聞かない相手がいたら「専門家の〇〇さんも言っていたんですが……」と専門家や著名人の名前を添えましょう。人は「専門家」「著名人」といった人の意見を聞く傾向にあるので、素直に聞くようになるでしょう。

# 断られないような言葉を使う

**POINT**　明確な理由をつけて断ろうとする人には、断られないような言葉を駆使してお願いしましょう。例えば「君しかいない」「君だけが頼りなんだ」「君じゃないとダメなんだ」など。代替できない、あなたしかいないということを伝えましょう。

# 逆説を唱える

**POINT**　人は自分が否定的にとらえていたことが、あえて肯定的評価として再認識されると視界が歪みます。例えば「忙しいから無理」と断られたら「それでいいよ。だって忙しい人は貴重だから」と言えば、断らなくてもよかったかもと相手は錯覚するでしょう。

# 「〜でしょ」と問いかける

**POINT**　意見の違う相手には、考える隙を与えず、自分にとって都合の良い方向へ誘導することが大切です。例えば「こっちの方が良いでしょ？」と言われると、肯定するのが当たり前という雰囲気になり、断りづらくなります。「〜でしょ」と決めつけましょう。

1

相手を操る心理術

# 5つのタイプに上司を分類し説得する

**POINT**　上司は部下に説得されることを嫌がります。しかし、自分は説得されているのではなく、部下の意見を聞いて自分の判断で決定しているという錯覚を覚えさせることが大切です。上司には5つのタイプがあり、それぞれに合った説得方法を以下に紹介します。

## タイプ1　権威が好きな上司には 「ほかの権威」

**POINT**　権威が好きな上司の場合、自分の意見と相違すると怒るでしょう。説得する場合は有名人や専門家、大学教授などの名前、大手新聞や雑誌などを持ち出すのがおすすめです。つまり、権威が好きだからこそ、権威を示すのです。

## タイプ2　自分は特別だと思っている 上司には「褒めておだてる」

**POINT**　自分は特別だと思っている上司は自意識過剰であるとも言えます。そんなタイプの上司は、とにかく褒めて、おだてましょう。すると気分が良くなり、すんなりと説得に応じる可能性があります。まずは褒めておだてて自尊心を満たしてあげましょう。

# タイプ3　対立を嫌う上司には「周囲の賛同」

**POINT**

対立を嫌う上司は基本的に自分の意見は持っていません。周囲に合わせていれば安心するでしょう。同調心理が強いので、「〇〇部長の賛同も得ています」「△△課長も同じ意見です」などと、周囲の賛同を伝えれば、説得は容よう易いでしょう。

# タイプ4　情にもろい上司には「プレゼント」

**POINT**

情にもろい上司は場の雰囲気を大事にするタイプです。そんなタイプには普段からちょっとしたお土産などを渡しておくと良いでしょう。他人から親切にされたことやプレゼントをもらったことなどを心に留める人が多く、何かのときに力になってくれます。

# タイプ5　数字にこだわる上司には「グラフやデータ」

**POINT**

数字にこだわる上司は「数字で示せ」と何につけても数字にこだわります。そんなタイプには、グラフや表を提示しましょう。ただし、グラフや表を過度に装飾するのではなく、見てほしいところだけに色をつけるなど、工夫すると説得力が増すでしょう。

1

相手を操る心理術

# お願いする

お願いするときは、相手との関係性が大切になります。目上の人や目下の人、親しいのか、あまり親しくないのかといった相手によってお願いの仕方や言葉を使いわけましょう。

## ➡ 上司や先輩にお願い事をするとき①

# 小さな要求を受け入れさせて、新たな要求を通す

**POINT**　人は、小さなお願いを引き受けたあと、立て続けにお願いされると受け入れてしまいがちです。例えば「飲み物を買ってください」とお願いされ、承諾したとします。「あと飴も買ってください」と続けてお願いされるとダメとは言いづらいでしょう。

## ➡ 上司や先輩にお願い事をするとき②

# 「ちょっとだけ」と言う

**POINT**　お願いするときは、まず相手の時間を奪うことを念頭に置きます。いきなりお願いするのではなく「少しだけお時間ください」「ちょっとだけ聞いてください」など、条件を小さく提示してお願いします。「ちょっとだけなら」と話を聞いてくれるでしょう。

# 「○○さんだからこそ」と言う

**POINT**　今手に入れないと、損をすると思ってしまう心理を「限定・希少価値効果」と言います。この心理はお願いするときにも使えます。例えば「○○さんだからこそ、お願いしてるんです」と言えば、相手は自尊心が満たされ、つい引き受けてしまうでしょう。

# 簡単なお願いをくり返して、面倒なお願いを承諾させる

**POINT**　面倒なお願い事をするときは、いきなりお願いするとハードルが高く、なかなか引き受けてもらえないでしょう。そんなときは簡単なお願いをくり返し、だんだんとハードルを上げていきます。すると、すべてのお願いを聞き入れてくれるはずです。

# 相手の反発心を刺激して、要求を通す

**POINT**　部下や後輩にお願いするときは、褒めてけなして相手の反発心を煽あおると受け入れるでしょう。例えば「さすがにあと1時間で資料をまとめるのは難しいよね？」と言えば、相手はムッとしてやる気を出します。特に生意気なタイプに有効なテクニックです。

1

相手を操る心理術

23

# 不意打ちのお願いで反射的に
# 承諾させる

**POINT**　人は不意打ちでお願いされると、頭が真っ白になり、つい承諾してしまいます。特に自分よりも上の立場の人のお願いには、なかなか NO とは言えないものです。ただし、毎回不意打ちにお願いすると、嫌われる可能性があるので、注意しましょう。

# 相手より高い目線で話す

**POINT**　相手の目線よりも高い位置から話しかけると、威圧感を与えます。また見下ろすことになり、支配権を誇示できます。部下や後輩に仕事を頼みたいときは、見下ろす形で指示を出しましょう。ただし、目上の人には失礼にあたるので、注意しましょう。

# 「〜してくれた？」と確認する形で
# お願いする

**POINT**　命令よりも確認する形でお願いすると、気持ちよく引き受けてもらえるでしょう。例えば「書類作って」と言われるよりも「書類作ってくれた？」と確認される方が良いです。しかし、確認しすぎると鬱陶しい印象を与えてしまうので、気をつけましょう。

# 「〜してもらえる？」と疑問形で
# お願いする

**POINT**　例えば「今週中に企画書を作ってもらえる？」と疑問形でお願いすると、柔らかい雰囲気になり、快諾してもらえるでしょう。「従わせよう」と思わず、相手の気持ちに立って、どんな風にお願いされるとやりたくなるのか考え、実践しましょう。

# 簡単な前置きで承諾させ、
# 都合の悪い要求を持ち出す

**POINT**　これは「ちょっとお願いしたい」といった前置きで、「いいよ」という言葉を引き出し、面倒なお願いを伝えるテクニックです。最初に「いいよ」と承諾の言葉を言った相手は「やっぱり……」とは言いづらいものです。ここぞというときに使いましょう。

# 相手を緊張させ、要求を通す

**POINT**　人は緊張したり、興奮したりすると冷静な判断ができなくなります。そして、その状況を抜け出したいと、本意ではない要求でも引き受けてしまいます。つまり、面倒な要求をのませたい場合、相手が緊張するような状況を作り、話すと通りやすくなります。

# 「みんなそうだから……」と言う

**POINT**

人はみんながやっていることを、正しいと思い込んでしまいます。これを「社会的証明の原理」と言います。「みんなにお願いしている」「みんなやっていること」と言われれば、相手は「それならしょうがない」と応じてくれるでしょう。

# 右側から近づき安心感を与える

**POINT**

人は無意識に心臓を守ろうとします。だから心臓のある左側に立たれると、圧迫感を感じるのです。ほかにも、利き手が使える右側の方が、警戒心が薄いという説もあります。右から近寄れば安心感を、左から近寄れば圧迫感を与えることができます。

# 褒めて気分良くさせる

**POINT**

何かをお願いしたいときは、まず相手を褒めましょう。人は自分勝手な人のお願いには、応じたくないものです。まずは褒めて相手の気分をアップさせましょう。すると「もっと気分良くなりたい」という衝動にかられ、自発的に行動してくれるはずです。

# 謝る

............................................................

謝ることは、誰しも嫌なことです。しかし、謝
るときに謝罪の気持ちが相手に伝わらないと意
味がありません。謝るときにより気持ちが伝わ
る心理術を紹介します。

➡ 怒らせた相手に謝罪するとき

## グレーの服を着て謝罪する

**POINT**　グレーはソフトな印象を与え、警戒心を和らげる効果があると言
われています。謝罪時は特に自分の存在を消したいものです。そ
んなときにグレーを身につければ、個性を薄く感じさせ、自分の
存在感を際立たせないでしょう。

➡ 謝罪するとき

## 電話やメールは使わない

**POINT**　電話やメールは、対面で言葉を交わすよりも情報が入らない閉ざ
された空間でのコミュニケーションです。言葉のみのコミュニ
ケーションのため、悪い出来事はより悪くイメージを膨らませて
しまいます。謝罪時はすぐに駆けつけて対面で対応しましょう。

# 上体を90度曲げた大げさなお辞儀をする

**POINT**　最も丁寧なお辞儀の角度は45度だと言われています。しかし、謝罪時は90度に傾けましょう。そして頭を下げたまま、少し静止し、ゆっくりと頭を上げます。大げさにお辞儀すると、相手に深く反省している姿を示すことができます。

# 時間差をつける

**POINT**　時間差を設けると謝罪を受け入れてもらえます。例えば、上司に謝罪したいと告げ、別室に移動してもらいます。上司は移動している間、不安が広がっていくでしょう。そして謝罪を受けると、大きな不安との落差に拍子抜けし、許してくれるでしょう。

# ひたすら同じ言葉で謝る

**POINT**　クレームには、理屈を尽くして対応してもキリがありません。「申し訳ございません、以後気を付けます」といったお詫びの言葉を繰り返しましょう。余計なことは言わないほうが得策です。やがて相手は根負けし、諦めるようになります。

# 相手を誘導する

誘導とは、人や物を誘い導くという意味があります。つまり、あなたが相手を導くのです。相手を上手くのせて、希望する未来を引き寄せましょう。

## ➡ 相手に決断を迫るとき①

## 優柔不断なタイプには二択の質問をする

**POINT** 優柔不断で選べない人には二者択一式の質問をしましょう。選ぶのが当然のことのように迫れば、提示された中から選択します。例えば、何を食べるか迷っている場合、「朝食はお米を食べたから、麺かパンにしたら？」と言えば、どちらかを選ぶはずです。

## ➡ 相手に決断を迫るとき②

## 比較対象を挙げて相手の判断を誘導する

**POINT** 人は「松・竹・梅」と分けられている場合、「竹」を選ぶ傾向にあります。これは「松」だと高いが、「梅」だと貧乏くさいという見栄が働き、中間の「竹」を選ぶのです。決断を迫るときにも比較対象を挙げると選びやすいでしょう。

# 優柔不断なタイプには
# こちらの決断を伝える

**POINT**　優柔不断な人は失敗したくないという気持ちが強いものです。そんな人には「こっちにしよう」とあなたから決断し、推奨します。「これで失敗しても私の責任です」と失敗しても相手に責任はないことを強調し、背中を押してあげましょう。

# 話を聞き続ける

**POINT**　相手の話を真剣にじっくりと聞くことを「傾聴」と言います。傾聴には、現状を打破する方法を自分で見つけられるという効果があります。こちらから何か言うのではなく、相手の話をじっくり聞くと相手が自分で解決策を見つけられるでしょう。

# 「未知」より「過去」を尋ねる

**POINT**　人は漠然とした質問にはなかなか具体的には答えられないものです。例えば、「どんな人がタイプ？」と尋ねても「優しい人」としか答えません。しかし、「今までで嫌だなと思ったタイプは？」と「過去」を聞けば「浮気する人」など本音が出るのです。

# 別の話題のように聞く

**POINT** 相手に「例えば」「仮の話」と一般論のように尋ねると、「別の話」と錯覚して口が緩みます。「仮の話だけど、あなたぐらいの能力なら、月80万円ぐらい稼げるよね？」と聞けば、「そんなに多くないよ。50万円ぐらいだよ」と本音をこぼすでしょう。

# わざと間違った情報をぶつける

**POINT** 真面目な人ほど誤った情報を見聞きすると、誤解を解き、訂正したくなります。わざと「この製品って粗悪品が多いって聞くけど、本当？」と聞けば、本当の情報とともに秘密や本音を漏らしてくれます。飛びぬけて良い情報でも同じことが起こります。

# 相手の本音を正当化すると白状する

**POINT** 人は自分の話を否定されたり、疑われたりすると不快に思います。そのため、相手の本音を正当化すると同類意識が芽生え、本音を吐露します。「自分だったらこうだよ」と相手の立場になって表現すると「そうだよね。私も……」と本音が出てきます。

# 「ここだけの話」と先に秘密を話す

**POINT**　人は先に「秘密」を伝えると、お返しの気持ちが働き、本音を話してくれるでしょう。「ここだけの話なんだけど……」と相手に秘密を打ち明けます。すると「実は……」と白状するでしょう。秘密はダミーでも同様の効果があります。

# 第三者の例を挙げて
# 「説明と解釈」を求める

**POINT**　心理手法に「投影」というものがあります。これは他人の行動に対して、相手の「理論」や「考え」を見立てさせるのです。つまり、相手に他人を評させると、相手の本音が透けて見えるのです。「なんで〇〇だと思う?」と聞けば相手の本心が出てきます。

# 権威者の名前を使う

**POINT**　人はウソをつくとなかなか白状せず、隠し通そうとします。そんなときは「〇〇部長に報告します」「△△さんが知ったらどう思いますかね」と、相手が権威を感じている人の名前を出すと白状するでしょう。ウソはいつか必ず明るみに出るものです。

# 「同調心理」を早めに刺激する

**POINT** 普通の人は「もうみなさんお集まりです」と言われれば、遅刻している気分になって慌あわてることでしょう。しかし、「同調心理」に鈍感な人は全く気にならないのです。そんな人には、ひとりだけ集団から取り残されていることを早めに伝えましょう。

# 「つまり〜ということですね」と会話に終止符を打つ

**POINT** 話を早く切り上げたいときは結論づけると会話が終わる流れになります。それでもなかなか終わらない場合は「つまり〜ということですね。承知いたしました」と言って会話を強引に終わらせましょう。角が立たないよう言い方には注意が必要です。

# オウム返しで黙らせる

**POINT** 下品なことや悪口を言う人には、その人が言った言葉を確認するようにオウム返しします。例えば「〇〇さんって気持ち悪いよね」と言われた場合、「気持ち悪いって？」と返すと、自分がどれだけひどいことを言ったのかわからせることができます。

# 唐突に自分の話を始めて、不快な言動を遮る

POINT

相手から不快な言葉を言われたら、無視しましょう。もし、無視しても止まらない場合、唐突に自分の話を始めて、言動を遮りましょう。すると、面食らい、止まるはずです。嫌味や不快な言葉を素直に受け取って、あなたが傷つく必要はないのです。

# 「それが何か？」「別に」などの適当な相槌を打つ

POINT

意地悪なことを言う人は、他人を貶（おとしめ）ることで自分の優位性を確認したいという陰湿な考え方を持っている可能性があります。そんな人には、きちんと相槌を打つ必要はありません。適当な相槌を打つことで、徐々にあなたに言わなくなっていくでしょう。

# 沈黙で抵抗する

POINT

わざと相手を怒らせようとする人がいます。そんなタイプには冷静に対処するのが一番です。しかし、効果がない場合は「沈黙」してみましょう。人は突然沈黙されると、不安になります。「沈黙」で相手への抵抗を示し、黙らせましょう。

# 鏡を見せる

**POINT**　人は怒っていると、気持ちに歯止めがかからず怒り続ける傾向にあります。相手がそんな状態のときは、「髪が乱れていますよ」と言って、鏡を見せて自分を客観視させましょう。鏡を見ると、我に返り、落ち着くでしょう。

# 癖を指摘して、意識させる

**POINT**　他人から無意識に行っていた癖を指摘されると、意識しすぎてしまい、ペースを乱すことがあります。例えば、「部長は怒るときにボールペンをカチカチ鳴らしますよね」と伝えると、同じ状況になったときに、我に返り、鳴らすことをやめるでしょう。

# デメリットも話す

**POINT**　良い面、悪い面の両面を提示することを「両面提示」と言います。商談時にはついついメリットばかり話してしまいがちですが、デメリットも話すことで、より信頼度や好感度が上がります。これは商品だけでなく、人に対しても使えます。

1

相手を操る心理術

# 「ちゃぶ台返し」を駆使する

**POINT**　その場限りの交渉時に、値引きさせる裏ワザがあります。契約書に署名・捺印する段階で、「やっぱり、あと50万円値引きしてくれないと契約できません」とひっくり返すのです。言われた側は契約完了間近ということもあって妥協するでしょう。

# 相手のタイプを見極めて「言葉」を選ぶ

**POINT**　交渉相手には多少のリスクやトラブルは恐れない「目的志向型」と、リスクやトラブルを嫌う「問題回避型」がいます。前者はこんなことができるという「獲得項目」、後者は問題解決できるという「回避項目」を多く示せば、有利に交渉できるでしょう。

# お願い「する側」から「される側」に回る

**POINT**　交渉事はいつの間にかお願いする側とされる側に分かれてしまうことがあります。お願いする側は弱い立場になってしまいます。そんなときは、「もっと良い条件を引き出したい」と相手に思わせれば、自ずと「お願いされる側」に回ることができます。

# 「社会（客観）的証明」を提示する

**POINT**　「10万部突破」「大手企業の8割で採用されている」など、みんなが使っているという社会的証明があると、説得力が増します。これは「バンドワゴン効果（同調思考）」によるものです。良い物かわからなくても、みんなが使っていれば買ってしまうのです。

# 「権威」をまとう

**POINT**　人は「お墨つき」「特殊な存在」といった「権威」をまとうと、特別感を感じ、魅力に思うものです。「NASAで……」「最先端の科学技術で……」と伝えるだけで、威光が放たれます。これは製品やサービスに限らず、自分の資格取得を話す際にも使えます。

# 「第1位」「優勝」「No.1」が効果的

**POINT**　「売り上げNo.1」というPOPがついていると、自然と目が行くと思います。人は「売れている」「人気がある」というフレーズが魅力的に映るのです。ランキングの範囲は社内など、小さなものでも同様の効果が得られます。アピール効果満点でしょう。

1

相手を操る心理術

37

# 「喪失感」を刺激する

**POINT** 「最後のひとつ」など喪失感を感じさせると、獲得意欲が高まります。人は希少品に価値を見出すからです。交渉相手に少しでも価値を感じさせたい場合は、「なかなか手に入らない」「売り切れ」といった言葉を添えて、交渉しましょう。

➡ 苦手な人と交渉するとき

# 「先日、お見かけしました」と言う

**POINT** 交渉前の雑談でウソでも構わないので、「先日、電車の中でお見かけしました」と言ってみましょう。相手は自分の行動を振り返って動揺するでしょう。人は「観察された」と思うと不安に駆られるのです。交渉はこちら側のペースで進められるでしょう。

➡ 会話の主導権を握りたいとき

# 視線を先に外す

**POINT** 人と話すときは、目を見て話すのがマナーです。しかし、見つめ合ったあと、先に視線を外すと相手を不安にさせる効果があります。視線を外された側は「何かいけないことをしたのかな」と不安になります。駆け引きとして、視線を外してみましょう。

## ➡ 自分への優先度を上げてもらいたいとき

# 「ひと手間」かけたメッセージを
# 駆使する

**POINT**　その他大勢の人と同じ扱いではなく、自分を優先してほしいときがあるかと思います。そんなときは、提出物に「いつもありがとうございます」のような感謝のメッセージを添えるのです。すると、優先的に扱ってくれるでしょう。

## ➡ 仕事の評価を上げてもらいたいとき

# 上司の無意識に与える影響や印象を
# 操作する

**POINT**　上司から何か仕事を頼まれたら、提出するときに「○○を工夫しました」と一言添えましょう。ただ「とりあえずできました」と伝えると、やっつけ仕事のような印象を与えてしまいます。ひと工夫凝らしたという付加価値を伝えると、印象が良くなります。

## ➡ 上司の言っていることが間違っているとき

# 気づかないフリをする

**POINT**　上司という生き物は、自分の方が知性が上だと自覚していないと、気がすまないものです。基本的に、上司が間違ったことを言っていても、指摘してはいけません。指摘すると、上司のプライドが傷つき、悪い記憶とあなたの顔をセットで覚えてしまいます。

# まずは「承知しました」と言う

POINT

上司には、反論もしてはいけません。しかし、上司に反論したいときは、まずは「承知しました」と受け止めましょう。そのあとで、「ひとつ質問してもよろしいですか?」と聞くのです。「いや」「でも」「しかし」といった逆接の言葉は避けましょう。

➡ 自分の意見を通したいとき

# 一貫して主張し続ける

POINT

集団の中で自分が少数派だった場合、一貫した態度を貫き通すと、だんだんと多数派に影響を与えていきます。例えば、一回目の会議のときに不評でも、「こんなにメリットがあるんです」と言い続けると、「実はいいのかも」と周囲は思い始めるのです。

➡ 思い通りに会議を行いたいとき

# テーブルの形を変える

POINT

会議は、テーブルの形や出席者の座る位置にも影響を受けます。例えば、角テーブルは力関係が生まれるため、上司の意見がみんなの意見となることがあります。丸テーブルだと力関係の優劣が生まれにくく、色々な人の意見が飛び交う会議になるでしょう。

# 断る

断ることは、あなたも相手も良い気持ちにはなりません。しかし、上手に断ることができれば、そこで関係が終わらず、引き続き良い関係性を築けるでしょう。

**➡ 上手に断りたいとき**

## 相手に対する「配慮」を見せる

**POINT**　上司からお願い事をされたとき、上手に断らないとその後の関係性が悪化してしまいます。そんなときは、まず初めに謝罪と理由を告げます。そのあとに代替案を提示するのです。すると断っても好印象になります。別の代替案を検討しましょう。

**➡ 柔らかく断りたいとき**

## 「……なのですが」という クッション言葉を入れる

**POINT**　「良いとは思いますが……」といった言い回しは、「なのですが」という否定形が入っていることで、否定の気持ちが強いと言えます。柔らかく相手に否定の気持ちを伝えたい場合、おすすめです。相手によっては伝わらないこともあるので、注意しましょう。

# その場で断る

**POINT** 断るときは後ろめたさを感じるものです。しかし、返答を先送りにすれば、相手に期待を持たせてしまい、期待した分、落胆も大きくなってしまいます。下手な社交辞令はかえって相手を傷つけるのです。断るときはその場で断りましょう。

➡ 怪しい人に騙されたくないとき

# 矛盾や疑問点を自問自答してみる

**POINT** 人は、自分が不幸に遭うことを考えず、自分にとって都合の良い情報を信じがちです。これを「認知バイアス」と呼びます。認知バイアスに支配されないためには、矛盾や疑問点を自問自答しましょう。悪徳商法に騙されないよう対策するのです。

➡ 納得させながら断るとき

# 「だからこそ」を使って断る

**POINT** 断りたいことをお願いされたら「お気持ちはうれしいです。でも、だからこそ今回のお話はお断りさせてください。そんな大役務まりません」と"だからこそ"で切り返しましょう。相手もそれならしょうがないかなと諦めます。

# 指導する

......................................................

相手を指導するとき、そのやり方次第では相手
を追い込んでしまう可能性があります。相手の
成長を考えて、適切な指導の仕方を身につけま
しょう。

**➡ 職場の雰囲気を引き締めたいとき**

## ひとりを集中的に注意する

**POINT**

集団に注意するよりも、ひとりに注意した方が効果はあります。
人は誰かが叱られていると、自分も叱られた気分になるのです。
これを「暗黙の強化」と言います。注意するときは、能力が高い
人、後々引きずらないような神経の太い人を選びましょう。

**➡ 組織のモチベーションを高めたいとき**

## 身近な仮想敵を作る

**POINT**

「共通の敵」を作ると、チームの結束力を高めることができま
す。共通の敵を意識すると、チーム内でその敵に対して「勝ちた
い」という欲求が浸透するため、結束力が強まるのです。敵を作
ると仕事に対するモチベーションも向上できるでしょう。

# 自由を与える

**POINT**　同じ空間で大人数が働くと、集中力や作業効率に影響を与えると言われています。これは他人から見られているとストレスを感じ、普段通りに動けなくなるからです。部下を「監視」するのではなく、「放任」して伸び伸びと仕事をさせましょう。

# 同じミスをくり返す人には
# レポートを書かせる

**POINT**　同じミスをくり返す人は、それほど悪いことをしたとは思っていない可能性があります。そんな人には、ミスの重大さを認識させましょう。ミスの原因をレポートにまとめさせると、ミスをした自分と向き合い、自発的に行動を改めるようになるはずです。

# 成績不振の部下には期待感を示す

**POINT**　人は期待された通りの結果を出そうとする「ピグマリオン効果」というものがあります。もし、部下への教育方針に悩んだら、期待を込めて、褒めてあげましょう。褒めることでやる気が出て、成績も向上するでしょう。

# 「ダメ」と禁止する

| POINT | 「ダメ」と言われると、したくなります。これは他人から禁止されると無性にやりたくなる「カリギュラ効果」が働くからです。この効果を使って、部下に「君にこの仕事はまだ任せられない」と言えば、かえって意欲が湧き、頑張ってくれるかもしれません。 |

# 名誉を称えるセリフで動かす

| POINT | なかなか行動に移せない人がいたら、「君の真価を見せてほしい」などといった名誉を称える言葉をかけます。人はプライドを刺激されると、背中を押されるからです。気持ちが固まり、動くときに「君なら必ずできるよ」と力強く予言してあげましょう。 |

# 思考の枠組みを変える

| POINT | 物事のとらえ方は、その人の思考や認識の「枠組み」で決まります。例えば、ミスをして落ち込んでいる人は「クビだ」と大げさにとらえます。しかし、「ミスだけど、これで弱点も見つかったよ」と枠組みを変えてあげると、前向きな気持ちになるでしょう。 |

1

相手を操る心理術

# 「最悪の事態」をイメージさせる

**POINT** 失敗して落ち込んでいる人に対して、「思考の枠組み」を変えることと同様のフォローアップ例として、もっと「最悪な事態」をイメージさせ、そうならなかったことをラッキーだと感じさせるのです。部下や後輩の心を折らせない工夫をしましょう。

# 逃げ道を作る

**POINT** 控え目な人は自分で責任を取りたくないと思っている人が多いものです。そんな人には決して追い込んではいけません。「何かあれば、私が責任を取るから」「もし、問題が起こったら対策を考えるから言ってね」など、逃げ道を作りましょう。

# ポジティブなフレーズで伝える

**POINT** ネガティブな言葉は、人に対して危機感を煽る際に効果を発揮します。しかし、「○○するな！」という上から目線で注意されると、人はつい反発したくなります。むしろ、「○○してくれてありがとう」と感謝を伝えると、自発的に動こうと思うものです。

# 他人の口を借りる

**POINT**

人は怒鳴られるよりも、教訓の方が行動を改めるものです。その
ため、他人の口を借りて失敗を伝えます。例えば「同期で遅刻ば
かりしている人がいて、評価が落ちたんだ。だけど、対策を講じ
たら元に戻ったよ」と他人の話を伝えると効果的です。

# 相手の立場に立たせて
# 気持ちを想像させる

**POINT**

わがままな人には、わがままを押しつけられた人の気持ちを考え
させると、反省します。例えば「君が資料を作らないから、○○
さんまで待ってなければいけないんだよ？　○○さんはどんな気
持ちかな？」と指導すれば、わがままな態度も改善するでしょう。

# 相手の自尊心をくすぐる

**POINT**

部下に期待を込めた言葉をかけると、自尊心がくすぐられ上司の
期待に添うようになります。例えば、部下が仕事の状況を報告し
ない場合、「頑張っているね。何かあればフォローするから、進
捗(しんちょく)状況を報告してね」と期待を込めた言葉をかけるのです。

# 「教え」を乞う

**POINT**　「報告・連絡・相談」をしない部下の多くは、自由裁量で仕事をしたい人が多いです。上司の余計な指示があると、仕事への意欲が低下します。「○○のコツ、教えてよ」などと教えを乞えば、自尊心をくすぐられ、あなたへの態度も変わるでしょう。

➡ 注意されたとき

# 「感謝」で応じる

**POINT**　注意されると、ムカつくこともあるでしょう。しかし、注意に対して言い返すと憤怒の応酬になり、険悪な関係になってしまいます。ここはグッと我慢して、感謝の気持ちを伝えましょう。喧嘩を売られた場合も、感謝を伝えればそれ以上言わないでしょう。

➡ プライドが高い部下を指導するとき

# 得意だと思っていることを
# ほめてあげる

**POINT**　プライドが高く、扱いずらい部下は、本人が得意だと思っていることを、積極的に頼みましょう。「予算管理、得意だよね？」「この前の資料見やすかったから今回もお願いね」などとほめつつ依頼することで、仕事をどんどん任せられるようになります。

# 信頼関係を築く

信頼する・されることは難しいものです。しかし、信頼関係を築ければ、人間関係は良好になります。ただし、精神的に難しい相手とは、信頼関係を築く必要はありません。

**➡ 相手との距離を縮めたいとき①**

## ちょっとした親切を積み重ねていく

**POINT** 人は親切にされると、何かお礼をしなければという気持ちになります。特に一方的に親切にされ続けると、借りができたように感じてしまいます。日頃から親切を積み重ねておくと、何か困ったことがあったときに力を貸してくれるでしょう。

**➡ 相手との距離を縮めたいとき②**

## 名前で呼ぶ

**POINT** 「部長」「課長」と肩書で上司を呼ぶことが多いと思います。しかし、肩書ではなく、「〇〇部長」と名前をつけて呼ぶと親近感が増します。名前を呼ぶことは「あなたのことを認めている」という報酬行為になり、相手の名前を頻繁に呼ぶと親しくなれます。

# まずは自分から相手を認める

**POINT**　もし、自分を認めてほしいと思う相手がいたら、まずは自分から相手を認めましょう。人は肯定的に評価されると、相手にも肯定的に評価し返す傾向にあります。日常的に褒めたり、高く評価されたりとわかりやすく伝えれば、認めてくれるでしょう。

# 知り合って間もない人ほど褒める

**POINT**　人は長い付き合いの人に褒められるより、馴染みの薄い人に褒められる方が嬉しいと言われています。これを「アロンソンの不貞の法則」と言います。知り合って間もない人ほど、積極的に褒めるとお互いの距離感が縮まり、早く信頼関係を築けるでしょう。

# 自分の理解者だと思わせる

**POINT**　誰にでも当てはまることを、さも相手だけのことのように伝え、信頼させるテクニックを「バーナム効果」と言います。例えば「最近、少し疲れてるね」という言葉を言われた人は自分をよく見てくれていると嬉しく思うでしょう。

# ありのままを正直に伝える

**POINT**　人は「自己開示（自分のありのままの情報を相手に伝えること）」すると、「自分のことを信頼してくれている」と感じます。すると、相手も「返報性の原理（お返ししたいと思う心理）」が働き、自分のことを話してくれるでしょう。

➡ 嫌われている人との関係を改善したいとき

# 小さな親切で驚かせる

**POINT**　嫌われている人と仲良くなりたい場合、まずは相手が自分に対して抱いている偏見を消すことが大切です。そのために、普段とは違う一面を見せて、相手を驚かせるのです。簡単なことで構わないので、これまでにやってこなかった親切をしてみましょう。

➡ 部下や後輩と信頼関係を築きたいとき

# 自分の失敗談を語る

**POINT**　部下にとって、上司の失敗談は好感を持たれます。「君ぐらいの年齢のとき、一桁間違えて発注してすごい数が届いちゃったよ」などと若手時代の失敗談を語ることで、部下は共有体験をしている錯覚を起こし、親密感と向上心が生まれるでしょう。

1

相手を操る心理術

# 共感する

**POINT** 落ち込んでいる人は自己評価が低くなり、自己肯定感が持てない状態になっています。そんなときは「どうしたの？」と優しく声をかけましょう。相手の話を聞いているときは反論せず、「そうだね」と共感すると相手はあなたに心を開くようになるでしょう。

➡ 頑固すぎる人の態度を改めさせたいとき

# こだわりを評価する

**POINT** こだわりが強い人は、その人のこだわりを否定せずに評価してあげましょう。頑固で強情なタイプほど、こだわりを評価してくれる理解者には、親切に接するものです。まずは関係性を構築してから、少しずつやり方を変えてもらえるよう相談しましょう。

➡ 上司や取引先の人の好意を引き出したいとき

# メモを取る

**POINT** 上司や取引先の人と話しているときに、メモを取っている人がいたら、とても真面目で誠実なイメージを持つでしょう。つまり、メモを取りながら話を聞くと、聞き手の真剣さが伝わるのです。すると、話し手もその期待に応えようとするでしょう。

# 相手のしぐさを真似する

**POINT** 良好な関係を築いている人同士は行動が似てくるものです。苦手な人と仲良くなりたいときは、苦手な人のしぐさや動作をさりげなく真似しましょう。「あなたを受け入れています」ということを相手の潜在意識に伝え、親しみを覚えるでしょう。

# 自尊心を満たすような相談をする

**POINT** 苦手な上司や先輩に話しかけるときは、相手の自尊心を満たすような言葉を添えるのが大切です。例えば「〇〇さん、以前△△社との商談をスムーズにまとめたと聞いたので、相談したいのですが」などと相談を持ち掛ければ、相手も悪い気はしません。

# わざと頼る

**POINT** プライドが異常に高く、他人を見下している人は、実は頼られるのを待っています。このタイプの人は自分の有能さに比べて、周囲の評価が低いことを不満に感じている傾向にあります。「教えてください」「お力を借りたい」と頼れば、操れるでしょう。

# 相手の得意分野で雑談する

**POINT**　苦手な人とは距離を取りたくなりますが、距離を取ると「返報性の原理」で相手からも嫌われてしまいます。せめて苦手意識を克服しましょう。苦手な人に、相手の得意分野について雑談や質問をしましょう。自分からアプローチすると良いでしょう。

# 心が折れる前に距離を置く

**POINT**　人にはどうしても合わない人がいます。嫌がらせや挑発してくる人もいます。本当に苦手な人がいる場合は、無理に関係を改善しようとせず、距離を置くのもひとつの方法です。あなたの心が折れてしまっては意味がないのです。身を守ることを考えましょう。

# 会話のメッセージ量を増やす

**POINT**　会話の長さと信頼関係の強さは比例します。メールなどのメッセージでも「了解」ではなく、「いつもありがとう。とても助かりました」などのメッセージの量を増やすだけでも、信頼関係が強くなります。

# 褒める

褒めることは良いことですが、難しいものです。
目上の人など、褒め方によっては失礼にあたり
ます。褒めることが難しい相手にも、心理術を
使って褒めてみましょう。

**➡ 自然に褒めたいとき**

## 他人の口での「良い評価」を伝える

**POINT**　人を褒めるとき、直接面と向かって言うと、「お世辞」「ゴマす
り」などと思われてしまうことがあります。たとえウソでも他人
の口を利用した「良いうわさや良い評判」を伝えると、自然に見
えます。伝えた人までも好印象になるでしょう。

**➡ 上司を称賛したいとき**

## 「事実」への「感想」を伝える

**POINT**　褒めることは評価するとも言えます。つまり、部下が上司を褒め
ることは禁じ手です。しかし、部下が上司を称えたいときは「事
実」への自分の「感想」を伝えましょう。「部長の企画書、参考
になります」など、上から目線にならないように注意しましょう。

# 鎮める

相手が怒っているとき、その怒りの鎮め方を知れば、あなたも相手も不快な気持ちが短くてすむでしょう。怒りがヒートアップしないように、注意しましょう。

➡ 相手の怒りを鎮めたいとき①

## はじめに「怒らない」と約束させる

**POINT**　自分に都合の悪そうな話になると、話の途中で感情を高ぶらせ、落ち着いて話を最後まで聞こうとしない人がいます。そんな人に話をするときは「怒らない」と約束させましょう。途中で怒り出したら「ほら、怒った」と牽制すれば、鎮まるでしょう。

➡ 相手の怒りを鎮めたいとき②

## はじめに不幸や悲しさを伝える

**POINT**　相手の怒りを鎮めるには「事故に遭った」など、不幸な状況を伝えましょう。不幸な事態などに相手が遭ったとわかると、人は同情します。そして、ミスや失敗も許す気持ちになります。すでに相手が十分なペナルティを負っているように感じるからです。

# 「不可抗力」という言い訳を後付けする

**POINT**　遅刻の言い訳として「電車遅延」があるでしょう。「電車が遅れたので、遅くなりました」という言い方よりも、まずは謝罪してから、「30分早く出ましたが、人身事故の影響で電車が止まってしまい……」などと遠慮しつつ、後付けで理由を告げましょう。

# 正直に伝えない

**POINT**　遅刻してきて、正直に「寝坊しました」と謝罪する人がいます。頻繁にこのような理由を告げていると、上司は「社会人失格だ」と怒るでしょう。「寝坊」は危険なワードなのです。だからこそ、「体調不良」といった不可抗力の理由に言い換えましょう。

# 「感謝の言葉」を言う

**POINT**　怒っている人に「申し訳ございません」とお詫びしても、相手の怒りが沈静化しないことがあります。そんなときは「感謝の言葉」を添えましょう。例えば、「お叱りいただき、ありがとうございます」と言えば、自尊心が満たされ、怒れなくなるでしょう。

1

相手を操る心理術

57

# 必要以上に怖がってみせる

**POINT**　パワハラやクレーマーは弱そうな相手が慌てふためく様子を見て満足するところがあります。このタイプには目一杯慌てふためき、怖がりましょう。そして「社長に直訴します」といったとどめの一言を言うのです。相手は驚き、動揺するでしょう。

# 不当な言動を冷静に指摘する

**POINT**　怒っている人に対して、怖がることは逆効果になります。ここは「反同調行動」を取りましょう。怒りで興奮している人には萎縮せず、「周りの人に迷惑です。声のボリュームを下げてください」と相手の不当な言動を冷静に指摘し、怒りを鎮めましょう。

# 怒り出したことを指摘する

**POINT**　キレやすい人には、怒り出したことを指摘しましょう。最初は怒り続けるかもしれませんが、徐々に自分の言動を認識して、高ぶった感情を抑えることができるようになります。周囲が感情をコントロールできるようにするきっかけを作りましょう。

第2章

# 相手を知る心理術

人と会ったとき、相手の気持ちを心理術で知ること
が大切です。相手が何を考え、何を思っているのか
わかるテクニックを紹介します。

# 目の動き

................................................

「目は口ほどに物を言う」ということわざもある
ぐらい、目には人の気持ちが隠れています。目
の動きや開き具合をチェックしましょう。

**➡ 自分に対する関心度を知りたいとき**

## 興味があると大きく目を見開く

**POINT**
人は興味があるものの前では、瞳孔が開くと言われています。瞳
孔の動きは意識的にコントロールすることができないため、ウソ
をつけません。実際に瞳孔が開いているかを見極めることは難し
いため、目の開き具合で判断しましょう。

**➡ 相手の好意の度合いを知りたいとき**

## 本当の笑顔は目と口が連動している

**POINT**
相手の好意の度合いは笑顔でわかります。しかし、本当に笑って
いなければ意味がありません。本当の笑顔は口角が上がり、目が
細くなります。一方、作り笑顔は目が開いたまま、口元だけが笑
う状態になります。つまり、目が笑っていないのです。

# 顎を引き、上目遣いのときは
# 疑念を深めている

**POINT**　女性が男性に対して上目遣いをするときは、好意を抱いている可能性が高いです。しかし、男女関係なく顎を引いて上目遣いをしているときは、信用できないと感じているサインです。この人はウソをついていると感じ、騙されたくない気持ちが表れています。

# じっと目を見つめてきたら
# 警戒されている

**POINT**　初対面の相手が視線をそらさず、じっと見つめてきたら警戒されている可能性があります。逆に視線を合わせてくれない場合は、話に興味がない可能性が高いです。初対面の相手の視線を観察すると、どう思っているのかよくわかるでしょう。

# まばたきが多いと不安感が強い

**POINT**　人の平均的なまばたきの回数は3秒に1回、1分間に20回程度だと言われています。しかし、不安や緊張を感じているときは、脳内伝達物質のドーパミンの活性化により、回数が多くなります。つまり、まばたきの回数と不安感の強さは比例するのです。

# 左上を見ているときは「ウソ」、
# 右上を見ているときは「ホント」

**POINT**　人は考えている内容によって、視線を向ける方向が決まっています。正面から見て相手の視線が左上のときは「考え出そう」と想像力を働かせているためウソを、右上のときは「思い出そう」と記憶を探っているため、本当のことを言おうとしています。

# 視線をそらさない人は
# 強い対抗心を抱いている

**POINT**　普段、視線が合い続けることはないと思います。もし相手の視線がそれない場合、戦闘態勢である可能性が高いです。スポーツで対戦相手を睨にらみつける心理と同じで、敵として見ていると言えます。気づかないフリをして怒りが鎮まるのを待ちましょう。

# 眉間がピクリと動く

**POINT**　人はイライラしているときや嫌いな人やものを見たときに皺眉筋(しゅうびきん)という筋肉が無意識に動き、眉間がピクリとします。反対にリラックスしているときや好きな人やものの前では、頬がゆるみます。人と会ったら相手の眉間と頬に注目してみましょう。

# 口・鼻の動き

口や鼻の動きと感情は連動します。特に口は話し方だけでなく、口の形にも人の気持ちが表れます。どのような形になるかも見てみましょう。

**➡ 相手の緊張度を知りたいとき**

## 緊張すると口元がこわばる

**POINT**

口元にはその人の深層心理が表れます。人は緊張していると口元がこわばります。すると、緊張度のあるキリッとした印象になります。しかし、口元が緩んでいる人は緊張感がない可能性が高く、緩い口元はだらしない印象になります。

**➡ 相手のストレス度合いを知りたいとき**

## ストレスを感じているときは口が一直線状になる

**POINT**

人はストレスを感じると唇に力が入ります。「ムッとした表情」というように、からかわれた場合などに口が一直線状に結ばれます。これはストレスがかかっている表情で、不安や緊張、怒りなどを感じているときに表れます。

# 声が高く、早口になったら不安な状態

**POINT**

人は不安や焦り、困った状態になると、声のトーンが上がったり、上ずったりします。もし、会話の途中で急に相手の声が高くなったら、その話に対して不安や問題を感じていると言えます。また会話のスピードも速くなったら緊張状態です。

# 声のトーンが上がり、早口でまくし 立てる人はウソをついている

**POINT**

早口になり、声のトーンが上がると緊張状態だと言えます。不安な状態であるのと同時に、ウソをついていて、それを隠そうとしている可能性も高いです。そんなときは、相手の早口に翻弄されないように、席を外すなど会話に間を作りましょう。

# 笑うときに片方の口角が上がるときは 軽蔑の気持ち

**POINT**

自然な表情は左右対称で、作った表情は左右非対称であることがわかっています。つまり、ウソをついているときは左右非対称の表情になるのです。笑うときに片方の口角が上がるときは軽蔑の気持ちが湧いているので、注意しましょう。

# 唇をペロッと舐なめたら、興味が湧いたサイン

| POINT | 会議やプレゼンなどで、唇を舐めるのは、緊張しているサインです。人は緊張すると、唾液が出にくくなるため、口の中や唇が渇き、唇を舐めるのです。一方、あなたと会話しているときにペロッと唇を舐めたら、あなたの話に興味があるというサインです。 |
|---|---|

# 声を上げて笑う人は目立ちたがり屋

| POINT | 笑い方にはその人の内面が出ます。例えば、声を上げて笑う人は目立ちたがり屋です。反対に声を出さないで笑う人は消極的な性格である可能性が高いです。必ずしも笑い方だけで性格を断定することは難しいので、参考程度に留めておきましょう。 |
|---|---|

# 鼻孔が小刻みに動くと興奮状態

| POINT | 相手の鼻孔（鼻の穴）を見ると、相手の興奮状態を知ることができます。鼻孔が小刻みに動いているなら、興奮している可能性が高いです。人は興奮していると、呼吸が浅く激しくなり、平静を装っても鼻孔が小刻みに動いてしまうのです。 |
|---|---|

2

相手を知る心理術

# しぐさ・癖

しぐさや癖は、相手に注意されないと気づかないものです。無意識のうちにやってしまうものだからこそ、深層心理がわかるのです。

**➡ 相手の状態を知りたいとき①**

## 指が開き気味のときは
## 安心しているサイン

**POINT**　相手の手を見たときに、指と指の間が広がっている場合、リラックスしていると言えます。手を隠すことは警戒心の表れですが、指を広げるのは安心しています。掌てのひらをこちらに向けている場合、提案を受け入れてくれる可能性が高いとも言えます。

**➡ 相手の状態を知りたいとき②**

## ボールペンをカチカチさせる人は
## 集中力が高まっている

**POINT**　ボールペンをカチカチ鳴らす癖がある人はいませんか。その人は集中力が高まっていると言えます。ボールペンのカチカチは思考に心地良いリズムを生むのです。カチカチ鳴らしている人がいたら、そっとしておきましょう。

## 携帯ばかり触っている人は
## 気まずさから逃れたいサイン

**POINT**　相手がいるのに会話せず携帯を見ている人には、気まずいという気持ちが隠されています。何かを話さなければいけないプレッシャーから逃れるために、携帯を見ていて忙しいと表現しているのです。話さなくてもよい空間を自分で作っています。

## 指と腕の組み方で
## 相手の基本的な性格がわかる

**POINT**　手を組んだとき、上になるのが右手親指の場合は左脳タイプ（理論的）、左親指の場合は右脳タイプ（直感的）です。腕を組んだとき、上になるのが右のときは左脳タイプ、左のときは右脳タイプです。指は思考、腕は表現時にどのようなタイプかわかります。

## 首をすぼめて話す人は
## 相手を警戒している

**POINT**　首は人間の弱点である頸動脈があり、信頼している相手にしか見せられないことから、首元を見せることは信頼や服従を示しています。一方、首元を隠している人は相手を警戒しています。会話中に相手が首を隠したら、あなたの話に警戒しているサインです。

2

相手を知る心理術

# ポケットに手を入れる癖がある人は
# 秘密主義者

**POINT**　ポケットに手を入れることが癖になっている人は、自分の本性を人にさらしたくない秘密主義タイプです。このようなタイプは本心を明かさないため、気をつけましょう。また親指だけをポケットに入れている人は、不安で自信がない心理状態です。

# 気の合う者同士は
# 話し方やしぐさが似てくる

**POINT**　一緒にいるとお互いが似てくると言いますが、これは無意識のうちに似てくるのです。これを「同調傾向」と言います。頷うなずくタイミングや飲み物を飲むタイミングなど、同調傾向をチェックすれば、お互いが好意を寄せ合っているかがわかります。

# 苦手な相手には反射的に
# 作り笑いをしてしまう

**POINT**　人は苦手な人が前から歩いてきたら、反射的に筋肉が硬直してしまいます。苦手な人の前では、嫌悪の表情が一瞬でも表れてしまうのです。もし、道端で会ったときに、相手が一瞬でも不自然な笑顔を見せたら、あなたのことを苦手だと感じているでしょう。

# 一瞬で消える短い笑みはウソの笑顔

**POINT**　顔の表情に着目すると、相手の心情が読み取れます。例えば、笑ったものの、すぐに笑みが消えるときはウソの笑顔です。また目力が強くなったり、一瞬眉間（みけん）にシワが寄る人は敵意のある可能性があります。ほかにも何度も軽く頷く人は退屈のサインです。

➡ 自分の話に興味があるのか知りたいとき

# 相手が耳を触ったら話題を変える

**POINT**　相手が耳を触ったら２つの心理が働いています。ひとつは、相手の話に関心がなく、退屈しているときに暇を持て余して触る。もうひとつは、緊張や不安を感じているときに安心感を得ようと触る。どちらにしても、話題を変えた方が良いでしょう。

➡ 表情や動作で相手の感情を知りたいとき①

# 眉間を指でつまむのは
# よく考えたいと思うとき

**POINT**　相手が話をしているときに、眉間を指でつまんだらよく考えたいサインです。また、人相学では眉間のシワによって性格が出ると言われています。例えば、真ん中に縦に一本線が入っている人は、頑固でプライドが高い、悩みがちであると言われています。

2

相手を知る心理術

# あちこちに人差し指を立てる動作は
# 苛立（いらだ）ちや敵意を内在させている

**POINT**

相手があちこちに人差し指を立てる動作をしているときは、苛立ちや敵意を持っている可能性が高いと言えます。また相手を指差す人は、威嚇や挑発する心理が働いています。相手を萎縮させたい、自分の思い通りにならないのが許せない気持ちがあります。

# 必要以上に敬語を使う人は
# 警戒心が強いタイプ

**POINT**

親密になっても、敬語を使い続ける人は警戒心の強いタイプです。過剰な敬語は、拒絶効果があり、相手に仲良くなろうという意思がないとも言えます。もし、こちらが仲良くなりたくても、相手が敬語を使い続ける場合、親密にはなれないと諦めましょう。

# 言い訳をする人は自己保身が強く、
# 人目を気にするタイプ

**POINT**

謝罪の仕方で人間性が判断できます。例えば、「申し訳ございませんでした」と素直に謝れる人は、好感を持たれます。しかし、開き直ったりする人は印象が良くありません。言い訳をする人は自己保身が強く、他人の目を気にする傾向が強いのです。

# 電話口で頭を下げる人は
# 隠し事ができないタイプ

**POINT**　電話口で頭を下げている人は、隠し事が苦手なタイプです。頭を下げていても、相手には伝わりませんが、自然とやってしまうということは誠実な人だと言えます。反対に、電話口で謝罪していても椅子にふんぞり返っている人は、隠し事が得意なタイプです。

# コンプレックスがある人ほど
# 鏡で自分の姿をチェックする

**POINT**　鏡で自分の姿をこまめにチェックする人は、肉体的なコンプレックスがあるケースが多いです。また内面に自信がなく、それをカバーするために外見を取り繕っている場合、その着飾った姿を見て自信をつけようと頻繁に見てしまうこともあります。

# お揃いを好む女性は
# 束縛欲求が強いタイプ

**POINT**　お揃いのものにしたがるのは、「この人は私の恋人」という自分の縄張りに印をつけるマーキングの意図があります。同様に、学校や職場に私物を持ち込み、飾っているのも縄張り意識の表れです。束縛が嫌ならば、簡単には受け入れないようにしましょう。

2

相手を知る心理術

➡ 自分がどう思われているか知りたいとき①

# 腕の組み方を見れば相手の不快感、拒絶感がわかる

**POINT**　腕の組み方には自己保身のメッセージが表れています。例えば、体を抱え込むように腕を組んでいる場合、自己防衛や不安な状態、体を反らせて腕を組み、顔が上向きのときは自分を強く見せたい、脇に手を挟んで腕を組むときは完全な拒絶を表しています。

➡ 自分がどう思われているか知りたいとき②

# 顎を上げると相手を見下すサイン

**POINT**　顎を上げて、首元を見せてくる人がいた場合、あなたは恐れるに足りない相手だという意思表示をしています。顎を上げるしぐさは、相手を見下す意味があるのです。顎を上げる角度で見え方が異なるため、角度には気をつけましょう。

➡ 自分がどう思われているか知りたいとき③

# 胸を突き出すと敵対心がある

**POINT**　胸を突き出すしぐさは、自分を相手よりも大きく見せようとする反射行動です。特に動物が敵と対峙したときに見られる行為ですが、人間にも見られます。胸を突き出す人がいれば、キレる一歩手前の危険な状態だと言えます。

# ジェスチャーが大きくなったら話を誇張している

**POINT**

会話中に身振り手振りを交えて話す人もいるでしょう。ジェスチャーは相手に意気込みを伝えるのに有効な手段ですが、ジェスチャーが大きい人は自己陶酔タイプです。もし、急にジェスチャーが大きくなったときは、あなたの興味を引こうとしています。

# 後ろめたい感情があると手足の動作は小さくなる

**POINT**

人は後ろめたい気持ちがあると隠密動作を取ることが多いと言われています。それは自分の存在感を消そうとしているからです。隠密動作のときは歩幅が狭く、背筋が丸くなり、手足の動作も小さくなる傾向にあります。

# 会話中に口の端を触ったら隠し事をしている

**POINT**

手で顔のどこを触るかによって、相手の心理状態がわかります。例えば、口の端を触ったり、口に手を当てたりすると隠し事をしている可能性が高いです。上唇を覆うときは不愉快になっている、眉間に手を当てるときはイライラしている可能性があります。

2

相手を知る心理術

# 力強い握手は優位に立ちたいとき

**POINT**

握手は挨拶のひとつとされています。握手には相手の心理が隠れています。例えば、相手が力強い握手をしてきた場合、優位に立ちたい気持ちが込められています。相手が下から持ち上げるような握手をしてきた場合、あなたに主導権があると言えます。

# 弱い握手は関心が薄いサイン

**POINT**

相手が力が入っていない、弱い握手をしてきたときは関心が薄い可能性が高いです。そんなときは、両手で握手しましょう。両手で握手すると、信頼感や誠実さを伝えられます。ただし、初対面では逆効果になるので気をつけましょう。

# 体の縦の動きは肯定、
# 横の動きは否定を表す

**POINT**

相手が首や手を横に振るときは否定を、頭を上下に振るときは肯定を表しています。つまり、横に体が動くと否定、縦に動くと肯定だと言えます。目線も同じように、真っ直ぐ相手を見ているときは興味あり、下を見ていると興味なしです。

➡ 話を切り上げるタイミングを知りたいとき

# 指で机を叩くのは
# 話を切り上げたいサイン

**POINT**

相手が会話中に、指先で机をトントンと叩いているとき、早く話を終わらせてほしいと感じている可能性があります。トントンと音を立てて叩くことで、無意識に話を妨害しようとしているのです。そんなときは早めに話を切り上げましょう。

➡ 上司の本性を見抜きたいとき

# 大人しい人ばかり怒鳴るパワハラは
# 小心の裏返し

**POINT**

静かな人、反論しなさそうな人にパワハラを振るう上司は、小心者だと言えます。体格の良い人や逆ギレしそうな人、古株社員などをターゲットに怒鳴っていないことが小心の裏返しなのです。パワハラ上司にはひとりではなく、みんなで抗議しましょう。

➡ キーボードの打ち方で相手の心理を知りたいとき

# 激しいタイピング音は自分へのエール

**POINT**

パソコンのキーボードを音を立てて、強打している人がいると思います。そんな人は強打することで、自分は頑張っているという自分へのエールを送っているのです。キーボードのタンッという音で、自分の頑張りを認識したい心理が働いています。

2

相手を知る心理術

# 独り言が多い人は
# ストレスが溜まっている

**POINT** 独り言は無意識のうちに出てくるものです。これは、独り言を言うことで精神のバランスを取っているのです。特にストレスが溜まっているときに独り言が出てしまうでしょう。独り言を言っている人がいたら、気にかけてあげましょう。

# 鼻の下に手を当てたら話を疑っている

**POINT** 会話しているときに手をどこに当てたか、その手の位置で相手が話に対してどう思っているのかがわかります。例えば、相手が会話中に鼻をこすっていたり、鼻の下に手を当てていたら、その話を疑っている可能性があります。

# 顎に手を当てると感心している

**POINT** 相手が会話中に顎に手を置いていたら、感心している可能性が高いです。また男性の場合はリラックスしている、女性の場合は隠したいことがあるというサインでもあります。ほかにも、話を切り出したいという気持ちが表れている場合もあります。

# 手を後頭部に持っていくのは
# 警戒しているサイン

**POINT** 会話中に相手が頭の後ろに手を持っていったら、あなたを警戒していると言えます。手を頭の後ろへ持っていくしぐさは、相手のことを信用できない、警戒していることを表しています。このしぐさは緊張した心理状態を和らげるための行為です。

# 会話中に髪や体に触れるのは
# 不安や緊張の表れ

**POINT** 髪の毛や体を触るのは「自己親密行動（安心感を得るために自分の体を触ってしまうこと）」と言い、不安や緊張、不満などがあるときに表れます。会話中に相手が触っていたら、話題を変えるなどしましょう。自己親密行動が多い人ほど、甘えん坊です。

# 額に手を当てるしぐさは
# 冷静になろうとしているサイン

**POINT** 相手が額に手を当てたら、緊張している可能性が高いです。人は緊張感が高まると、無意識に思考を司る前頭前野がある額に手を当てて、冷静になろうとします。額に手を当てて、前頭前野の血流を促し、判断力を高めようとしているのです。

2

相手を知る心理術

# 会話中に唇に触れたり、
# 爪を嚙む人は甘えん坊

**POINT** 考え事をしているときや会話中に、唇に触れたり、爪を嚙んだりする人は甘えん坊で自立心が弱い傾向にあります。特に爪を嚙むことは自傷行為の一種で、ストレス解消のために行っていると言われています。爪を嚙むのは不衛生なので、直しましょう。

# あからさまな咳払いは
# 怒りを知らせるサイン

**POINT** 会話中、これ見よがしに咳払いをする人がいたら、私は怒っていますとアピールしています。このようなタイプは、咳払いをすればどうにかなると勘違いしているケースがあります。注意すると更なる怒りを買う可能性があるので、その場を離れましょう。

# 昔の自慢話をしたがるのは
# 自信のなさの表れ

**POINT** 過去の自慢話をすると、一瞬自分にスポットライトが当たっているような気持ちになり、過去の快感が蘇るため話してくる人がいるのです。これは、今の自分に自信がない証拠です。このような人には日頃から褒めて、自信を持たせましょう。

# 口癖

口癖は相手の性格が垣間見えるものです。口癖は、相手や自分の印象を決めるひとつの材料になります。つまり、使う口癖次第で印象は良くも悪くもなるのです。

**➡ 口癖から本音を探りたいとき**

## 「何でもいいよ」が口癖の人は
## 過剰な期待をしがちなタイプ

**POINT**　「何でもいいよ」と言う人は、自分で決断するのが面倒、もしくは自分の好みをわかってくれているだろうと、相手に勝手な期待をしている可能性があります。あえて期待外れなリアクションで抵抗してみると、相手の身勝手さを伝えられるかもしれません。

**➡ 女性がウソをついているとき**

## 無言になったり、凝視したりする

**POINT**　男性がウソをついているときは、早口になったり、しどろもどろになったりします。しかし、女性の場合は、無言になったり、凝視したりします。これは、ウソをついていない、やましいことはないことをアピールしているのです。

# 「とりあえず」は他人と衝突したくない 妥協的な平和主義者

**POINT**　誰にでも口癖はあり、口癖には性格が表れます。「とりあえず」が口癖の場合、他人と衝突したくない妥協的な平和主義者と言えます。つまり、争いを避けたい平和志向です。また間違ったり、失敗しても責任を取りたくないタイプである可能性も高いです。

# 「一般的には」は持論に普遍性を 持たせたい優位願望気質

**POINT**　「一般的には」「常識的には」が口癖の場合、自分の持論に普遍性を持たせたい、押しつけがましい性格であると言えます。つまり、自分を正当化したいのです。また巧妙に相手を出し抜きたい願望がある計略家タイプである可能性もあります。

# 「なるほど・確かに」は 共感したフリだけで頑固な性格

**POINT**　「なるほど・確かに」が口癖の人は共感したフリだけで頑固な性格と言えます。これはあくまでも、表面上は共感しているように見せかけているのです。内心は、自分の意見に固執しています。また自立心旺盛なタイプである可能性もあります。

# 「要するに……」はせっかちで、まとめて仕切るのが好きな性格

**POINT**

「要するに……」が口癖の人は、めんどくさがり屋で、せっかちなタイプです。人をまとめて仕切るのが好きな性格でもあります。ダラダラと話しているとイライラしてくるのです。このようなタイプに話すときは、簡潔に伝えると良いでしょう。

# 「でも・だけど・どうせ」は自己愛が強く他人に批判的な性格

**POINT**

「でも・だけど・どうせ」が口癖の場合、自己愛が強く他人に批判的な性格だと言えます。これらの表現はネガティブで、相手の意見に対して批判的な言葉です。否定する気持ちがなくても、相手には拒否感や拒絶感を抱かせてしまうでしょう。

# 「まあ……」は確たる考えがなく、自分に自信のないタイプ

**POINT**

「まあ……」が口癖の人は、確たる考えがなく、自分に自信がないタイプと言えます。また、手っ取り早くその場を取り繕って、お茶を濁したいという無責任気質でもあります。このような口癖の人には自信を持たせるように対応しましょう。

2

相手を知る心理術

# 「すごいね」は適当に話を合わせたい
# だけのお調子者気質

**POINT**　「すごいね」が口癖の人は、適当に話を合わせたいだけのお調子者気質です。また「すごい」と何度も発言するときは、ミーハーな性格だとも言えます。熱しやすく冷めやすい、飽きっぽい性格だという一面を持つ可能性が高いです。

# 「かわいい」は自分もかわいいと
# 思われたい願望が強い性格

**POINT**　「かわいい」は、女性に多い口癖だと言えます。これは自分もかわいいと思われたい願望が強い性格を示しています。寂しがり屋でもあります。このような口癖の人には、「君もかわいいよ」と言うと安心するでしょう。

# 「っていうか」は他人を否定し、
# 自分を押し通すわがままタイプ

**POINT**　「っていうか」という口癖は他人を否定し、自分を押し通すわがままタイプと言えます。以下の悪印象な口癖から相手の性格を探りたいとき①〜⑧で紹介する口癖は、他人を排除したい気持ちが込められているため、人格を下げ、嫌われます。直しましょう。

# 「やっぱりな」は他人の失敗を
# 予言していたような傲ごう慢まん気質

**POINT**　「やっぱりな」が口癖の人は、自分の意見に自信を持っていて、自分は偉いという認識をしている傾向にあります。そのため、自分の思い通りになったら、鬼の首を取ったかのように周囲の人に伝えるでしょう。逆に、思い通りにならないと爆発します。

# 「違うよ」は言下に否定して
# 主導権を握りたい権威誇示型

**POINT**　「違うよ」が口癖の場合、違った価値観を認められない人である可能性があります。また自分が否定されているように感じているケースがあります。このタイプは相手を否定することで、主導権を握りたいのです。

# 「だからさ」は他人より優位な自分を
# 主張したい自己中心型

**POINT**　「だからさ」「だから」といった口癖の人は、自己主張が強いと言えます。このタイプは、自分の意見が一番正しいと思っている可能性が高く、他人に否定されると感情的になりやすいです。まずは否定せず、話を聞いてあげましょう。

2

相手を知る心理術

# 「お前ってさー」は上から目線で
# 説教したい自惚れ型気質

**POINT**　男性に多い口癖で「お前」があります。男性から女性に使う場合、親しみを込めたり、特別感が隠れています。しかし、あまり仲が良くない男性から男性に使われるときは、相手よりも自分の方が上だという見下した表現になります。

# 「馬鹿じゃないの」は他人を愚弄し、
# 優位を保ちたい高慢気質

**POINT**　「馬鹿じゃないの」と相手を馬鹿にする口癖の人は、他者の評価を下げて、自分が優位に立ちたいのです。こういうタイプは、プライドが高く、他人からどう思われようと自分が正しいと感じています。やっかいなタイプだとも言えます。

# 「わかってんの」は自分より相手が
# 劣っているとする優越型

**POINT**　「わかってんの」と言う人は、相手は自分よりも劣っていると優越感に浸るタイプです。「わかってんの」は上から目線で、相手を見下した言葉です。もし、相手に確認したいことがあれば、言い換えて伝えましょう。あなたの人格も疑われてしまいます。

# 「何言ってんだよ」は
# 自分の意見や考えを押し通す頑固型

**POINT**

「何言ってんだよ」が口癖の人は、自分の意見や考えを押し通す頑固者である可能性が高いです。この言葉は言われた本人だけでなく、聞こえた周りの人も不快になる言葉です。自分の意見があることは良いことですが、相手を尊重することも大切です。

# ネガティブな口癖は
# 口癖に見合った人生を歩む

**POINT**

「つまんない」「ツイてない」など、ネガティブな口癖の人は、ネガティブな人生を送ることになります。つまり、口癖に見合った人生を歩むのです。無意識の言葉に脳が影響を受け、暗示にかかってしまい、ネガティブな思考になってしまうからです。

# 「別に」「いや」と質問をかわす
# 返事をする

**POINT**

質問してもノリの悪い返事をするときは、周囲に踏み込まれたくないと思っている場合がほとんどです。口癖のように言う人は、周囲の人が嫌いか、または一人になりたい気持ちが強い場合が多いです。欲求不満や反発心のあらわれでもあります。

2

相手を知る心理術

# 座る・歩く

座る、歩く際に手足の動きを見ると相手の心情がわかります。特に座っているときの足は要チェックです。どんなに前向きな姿勢でも、テーブル下の足に気持ちが出てしまっています。

## ➡ 会話への関心度を知りたいとき①

# 話の内容に興味があれば
# 前傾姿勢になる

**POINT**

アメリカの心理学者アルバート・メラビアンの実験から、関心のある人や話に対して、聞き逃さないように前傾姿勢になるということがわかっています。反対に、足を投げ出して、のけぞるような姿勢のときは話の内容に関心がない可能性が高いと言えます。

## ➡ 会話への関心度を知りたいとき②

# 貧乏ゆすりはストレス回避行動、
# 足先で床をたたいていると拒否サイン

**POINT**

貧乏ゆすりには心情が表れています。踵を上下に動かしていたら、ただの貧乏ゆすりです。これは足を動かして、イライラや緊張を落ち着かせるストレス回避行動です。足先で床をトントン叩いている場合、これ以上踏み込まないでという拒否サインです。

# 足先があなたに向いていれば
# 話の内容に興味がある

**POINT** 足先の向きが意識の方向を示しています。例えば、足先が話し相手の方を向いていたら、興味があり、違う方を向いていたら、話の内容に興味がないと言えます。足先が相手とは別の方を向いているのは、立ち去る準備があることを表しています。

# 足先が正面を向かず、どこかに向く
# ときは話を早く終わらせたいサイン

**POINT** デートのとき、「今日は楽しかった。もっと一緒にいたい」と言っても、つま先が出口の方を向いていたら、早く帰りたいサインです。座っているときも同様に、足先が正面を向かず、どこかに向くときは話を早く終わらせたいサインなのです。

# つま先が床につき、踵を浮かせる
# ときは陽気なサイン

**POINT** 相手のつま先が床につき、踵を浮かせている場合は陽気なときです。両足の先端をクロスさせ、絡ませているのは、かなりリラックスしている状態だと言えます。足には性格も表れています。例えば、足をクロスさせて座る人は養育欲求が強い性格です。

2

相手を知る心理術

# 両足の底が横向き、互いの足裏を
# 向き合わせているときは退屈なサイン

**POINT**

テーブル上は平静を装っていても、テーブル下で両足の底が横向きで、互いの足裏を向き合わせているときは退屈な状態です。そんなときは、話の内容を変えたり、話を切り上げたりしましょう。すると足の向きもあなたの方を向くでしょう。

# オープンスペースを空けるときは
# 許容のサイン

**POINT**

相手とあなたの間にあるテーブルの上には、相手との関係性が表れています。それは手の状態で相手の気持ちがわかるからです。例えば、自分のカップやお皿などを端に寄せ、真ん中のスペースを空けている場合、心を許して相対したい気持ちが表れています。

# 囲いを作っているときは警戒のサイン

**POINT**

相手がテーブルの真ん中のスペースを空けない場合、警戒していると言えます。また両手の指を組み合わせて囲いを作ったり、二の腕やひじを掴むのは警戒しているサインです。手を組む行為は掌を隠しているため、緊張しているとも言えます。

# 小物をいじっているときは
# 退屈のサイン

**POINT**

相手がテーブルの上の物を触っているときは、退屈しているか動揺しているサインです。相手は小物をいじることで、今の状況の不満を抑えようとしている可能性もあり、あなたに対して相手は不満を持っているとも言えます。

# 手を前に出し、軽く拳を握るときは
# 前向きなサイン

**POINT**

前向きなサインとしては、テーブルの上に手を出し、軽く拳を握っているときはポジティブな状態と言えます。ほかにも、掌を相手に見せていたら、相手に気を許してリラックスしている、または相手に同意して親近感を抱いています。

# ひじを掴んでいるときは
# 警戒しているサイン

**POINT**

相手が二の腕やひじを掴んでいるときは、警戒しています。またはウソをついている可能性もあります。手をこすっていたり、揉んでいたりしている場合、大きなストレスを感じて動揺していたり、自分の発言に自信がなかったりしているサインです。

2

相手を知る心理術

# 太ももの上をスリスリしているときは不安なサイン

**POINT** 相手が太ももを手でさすっているときは不安な状態を鎮めています。また太ももに手を置くときは、慎重でありたいという思い、膝に手を当てているときは、この場から立ち去りたいという気持ちや、話が面白くないと思っている可能性があります。

# 足を頻繁に組み替えたら切り上げる

**POINT** 会話中に足を頻繁に組み替えていたら、居心地が悪いと感じている可能性が高いと言えます。これは、落ち着かない気持ちが足に表れているのです。もし、相手が頻繁に足を組み替えていたら、話を切り上げるか、リラックスできる雰囲気を作りましょう。

# 早足で歩く人は自分本位、大股で歩く人は親分気質

**POINT** 人は歩いている姿に性格が出ます。例えば、ゆっくりと大股で歩く人は、物事を俯瞰で見られるリーダータイプ、早足の人は自分のペースで物事を進めたいタイプ。歩くときに音楽を聴く人は、わがままタイプです。ひとりで歩いてるときに見てみましょう。

第3章

# 自分の感情を
# コントロールする
# 心理術

感情のコントロールは難しいものです。体調の変化
や不意の出来事で気持ちは揺れてしまいます。そこ
で、感情の切り替えを心理術から学びましょう。

# 怒りを鎮める

「怒り」はなかなかコントロールしづらいものです。しかし、「怒り」は自分も相手も不快な気持ちになってしまいます。自分の怒りのコントロールの仕方を紹介します。

➡「怒り」がこみ上げてきたとき①

## 交感神経を鎮めて
## 副交感神経を優位にする

**POINT**　「怒り」は興奮している状態です。このとき、交感神経が活発に働いています。まずはこれを鎮めるために、リラックス状態である副交感神経を導くことが大切です。「深呼吸」「全身の脱力」「目を細める」などをしてほかのことを考えましょう。

➡「怒り」がこみ上げてきたとき②

## アサーティブに対応する

**POINT**　アサーティブとは「対等な立場での自己主張」です。もし、喧嘩を吹っ掛けられたら「冷静になってください」とアサーティブに対応しましょう。「アグレッシブ（攻撃的）」だと言い合いになり、「パッシブ（受け身）」だと相手を増長させてしまいます。

# 無理にでも笑顔を作る

**POINT** 19世紀後半に「ジェームズ=ランゲ説（情動の末梢起源説）」が唱えられました。これは「楽しいから笑うのではなく、笑うから楽しくなる」というものです。「笑う門には福来る」と同じような意味になります。「笑顔」を作れば「怒り」は消えるのです。

# 「メタ認知」を習慣化させる

**POINT** 「メタ認知」とは、自分の中のもうひとりの自分を冷静に把握していくことです。自分が怒っている状況や原因を客観的に見つめ直すと、自分が怒っていることがどれほど小さく、くだらないかを認識できます。すると、自ずと「怒り」は鎮静化されます。

# 「自分はハエ」だとイメージする

**POINT** 嫌なことがあったときに、自分が「ハエになって壁に貼りついている」様子を想像すると、怒りを抱く確率が低くなるという実験結果があります。「自分はハエ」だとイメージすることで、客観視できるため、ネガティブな思考になりづらくなるのです。

3

自分の感情をコントロールする心理術

# ストレスは溜まる前に即発散させる

**POINT**

真面目な人ほどイライラする傾向にあります。これは期待されると必要以上に頑張ったり、すべてのことに全力で立ち向かおうとするからです。お風呂で大声で歌う、映画を観て泣くなど、自分ならではのストレス発散法を見つけ、こまめに発散しましょう。

# イライラや不満の原因となった出来事を日記に記す

**POINT**

イライラや不満を、その出来事とともに日記に書きます。そしてイライラ度をパーセンテージで表しましょう。例えば、部長にみんなの前で注意された。イライラ度、60％など。だんだん自分の行動が馬鹿らしくなり、気持ちが落ち着くでしょう。

# 楽しかった記憶を思い出す

**POINT**

過去の幸せな気分と結びついた行動を取ると、幸福な気分を呼び起こしてイライラを解消することもできます。これを「アンカリング」と言います。例えば、両手を握りながら楽しかった感情を思い出すなど。行動と気持ちを組み合わせて対処しましょう。

# 別人格になりきる

**POINT**　誰かを強くイメージして、その人物やキャラクターになりきるのも、イライラを解消する方法です。例えば、カウンセラーや接客のプロなど。別人格になりきれば、心が無になり、イライラすることもありません。

➡ 上司の怒りを冷静に受け止めたいとき

# 相手を観察しながら話を聞く

**POINT**　相手から厳しい言葉を言われたら、批判的な視点で観察しましょう。だんだん気持ちが落ち着いてくるはずです。また「奇妙な物体」として観察するのもおすすめです。相手を分析することで、意識がそちらに集中し、興奮や緊張が和らぐでしょう。

➡ 挑発されたとき

# 深呼吸してリラックスする

**POINT**　人は怒りを感じているときは、筋肉がこわばり、心拍数が上がります。そんなときこそ、一度深呼吸をしてリラックスしましょう。交感神経の働きが低下し、副交感神経が活発に働くようになります。

3

自分の感情をコントロールする心理術

95

# 自信をつける

過度な自信は良くありませんが、自分に自信を持つことは決して悪いことではありません。自分に自信がないと、ネガティブになってしまいます。適度な自信を持ちましょう。

**➡ 簡単に自信をつけたいとき**

## 高級品を身につける

**POINT** 人には「拡張自我」があり、洋服やアクセサリーなど身につけている物を「自分の一部」ととらえる傾向があります。高価な物を身につけると、自分までランクアップしたように感じるでしょう。自信をつけるために装飾品に気を配るのもおすすめです。

**➡ 自信を取り戻したいとき**

## 休息を「節目」にする

**POINT** 落ち込んでいるときに「頑張れ」と言われても頑張れないときがあります。そんなときは休息を取りましょう。自分にご褒美を与えるのです。旅行や少し遠出をしてみるのもおすすめです。休息が頑張った節目となり、新たな気持ちで一歩を踏み出せます。

# 「何とかなるだろう」を口癖にする

**POINT**　悩めば悩むほど、深みにはまるときがあります。そんなときは、「何とかなるだろう」「大丈夫」を口癖にすると気持ちがラクになるでしょう。根拠がなくても、「何とかなる」「大丈夫」と思っていることで、案外問題は解決するものです。

# 問題解決後のイメージから逆算して
# 対応策を考える

**POINT**　トラブルが起きたとき、すぐに解決法を見つけられない人は、問題解決後の成功イメージを想像し、そのためにどうすべきかを考えると、トラブルは解消されるでしょう。まずは冷静になりましょう。過去の経験から解決法を導くのも可能です。

# 失敗直後にその理由を分析し、
# すぐに忘れる

**POINT**　過去の失敗を思い出し、「また失敗するかも……」と恐れる心理を「ハウリング効果」と言います。失敗後に悩んでしまうと、ハウリング効果が生じます。失敗後はすぐに失敗理由を分析し、忘れます。すると同じ場面に遭遇しても不安に思わないでしょう。

3

自分の感情をコントロールする心理術

# 「成長している！」と言葉にする

**POINT**
スランプに陥っているときはイメージトレーニングをしましょう。例えば、仕事が順調な姿を想像して「仕事が順調で毎日成長している！」と言葉にします。そして、自分に何ができるのかを考え、成功するイメージを思い描けば、自信が出てくるでしょう。

➡ 困った人への苦手意識を解消したいとき

# 「取るに足らない人」と考える

**POINT**
身の回りのわがままな人の対応に苦しんでいる場合、あなたの中で相手のイメージが極端に肥大化しています。そんなときは、相手のイメージを矮小化（わいしょうか）しましょう。「取るに足らない人」だと思えば、ストレスは軽減されるでしょう。

➡ 心が折れないようにしたいとき

# 批判的な言葉は
# 素早くポジティブな言葉に変換する

**POINT**
他人の言葉に敏感だと、心が折れやすくなってしまいます。また相手の言葉がトラウマになってしまうでしょう。例えば「無神経」と言われたら「おおらか」などと、素早く頭の中でポジティブワードに変換して、気にしないようにしましょう。

# 意欲を高める

人の気持ちには波があります。頑張りたいのに頑張れない、やらなければいけないのに動けないなど、いつも気持ちを一定に保つことは難しいものです。まずは心を元気にしましょう。

## 目標を宣言する

**POINT**　人は言葉にすると、行動が変わります。特に、夢や目標を宣言すると自分を奮い立たせる効果があります。また、具体的な言葉にすることで、より使命感も生まれるでしょう。宣言から意識が変わり、目標達成のためのモチベーションが保てるはずです。

## 大きな夢のために小さな目標を作る

**POINT**　人は高すぎる目標の前では、挫折してしまいます。逆に低すぎる目標は、モチベーションが下がってしまいます。大きな目標を立てる場合は、その前に小さな目標をいくつも作り、達成していきましょう。いずれ大きな目標にも到達し、達成できるでしょう。

3

自分の感情をコントロールする心理術

# 自分へのご褒美を用意する

**POINT**

「馬の鼻先に人参をぶら下げる」と同じように、ご褒美を用意すれば、そのご褒美に向かって頑張ることができます。自分がワクワクするものをご褒美に設定すると、やる気が出るでしょう。ちょっとしたご褒美を挟むのもおすすめです。

# 行動を起こす

**POINT**

脳の中心部にある「側坐核」という部分がやる気に関わると判明しています。「すぐに行動する」、これこそが側坐核を刺激する方法です。「億劫」「めんどくさい」と思って動かないと時間ばかりが過ぎてしまいます。まずは行動しましょう。

# 大きな声で笑う

**POINT**

人が笑顔になるときは「幸せ」で「楽しい」ときだと脳にインプットされています。つまり、大声で笑えば、楽しいときだと認識されます。また大声で笑えば、全身に血液が回ります。すると「なんだか体内に力が湧いてきた」と実感できるでしょう。

# 「〜しなくては」と声に出す

**POINT**　人は嫌いなものでも、「好き」と言い続けるとだんだん好きになる生き物です。これを「公表効果」と言います。やりたくない、気がのらない仕事でも「やらなくては」と口に出すことで、自然とやる気が湧いてきます。まずは「口」に出しましょう。

# 「赤色」を身につける

**POINT**　「赤色」は血や炎をイメージさせるため、情熱や力強さを演出できる色です。赤いアイテムを身につけることで、自分を奮起させられます。恋人に赤いバラを贈って愛情表現するのも、情熱を感じさせるからです。重要な局面では赤色を味方につけましょう。

# 過去に経験した困難な状況と比較する

**POINT**　過去に経験した苦しい状況と比較して、今置かれている状況は悪くないと思うことが大切です。「あのときに比べれば……」と思うと、前向きな気持ちになれます。ただし、精神的・肉体的に追い詰められている場合は迷わず、やめるという選択をしましょう。

# リラックスする

大勢の人の前で話す、試験や面接など、緊張する場面はあります。そんなとき、普段の力を出せなかったら後悔するでしょう。心をリラックスさせる方法を紹介します。

## ➡ 心を落ち着かせたいとき

### 風や波の音など、自然音を聞く

**POINT**　人は「左脳」では言語や機械音、「右脳」では風や波の音、鳥のさえずりなどの自然音を取り入れています。左脳よりも右脳が取り入れている「自然音」の方が、ストレスを感じにくく、心をリラックスさせる効果があります。

## ➡ 緊張をほぐしたいとき

### 冷温シャワーで
### リラックスする感覚を記憶する

**POINT**　人は訓練すれば、意識的に緊張とリラックスをコントロールすることができます。入浴時にシャワーで、冷水を「緊張状態」、温水を「リラックス状態」として交互に浴び、体に刷り込ませます。緊張してもその感覚を思い出し、ほぐれるでしょう。

# 視線がよく合う人に向かって話す

**POINT**　たくさんの人の前では、向けられる視線の多さでパニック状態になってしまうことがあります。そんなときは、視線がよく合う人を探します。その人に対して話すようにすると、緊張が解けるでしょう。そして、語りかける範囲を広げていきましょう。

➡ パニックになってしまったとき

# ゆっくりと深呼吸をする

**POINT**　パニック状態になってしまったときは、ゆっくりと深呼吸をしましょう。まずは深呼吸で脳をリラックスさせるのです。すると徐々に体の緊張がほぐれていきます。どんなときでも慌てず、まずはゆっくりと深呼吸することが大切です。

➡ 心の健康を保ちたいとき

# リズム系の運動をする

**POINT**　心を鍛えるには、脳内物質である「セロトニン」を十分に分泌する必要があります。セロトニンを増やすには、ジョギングやウォーキング、階段の昇り降りなど、一定のリズムを刻みながら体を動かす「リズム系の運動」が効果的です。

3

自分の感情をコントロールする心理術

# 幸福感を高める

幸せの概念は人それぞれ違います。幸せの価値
も違います。しかし、幸せだと思えることは大
切なことです。幸福感を高めて、より良い生活
を送りましょう。

➡ 幸せな気持ちになりたいとき①

## 人に優しくする

**POINT**

友人や知人、知らない人などに対して、親切にして感謝されると
嬉しく思うでしょう。心理学者のリュボミルスキーは人に親切に
すること、ダンは自分以外のためにお金を使うことで幸福感が高
まると提唱しています。人に優しくなりましょう。

➡ 幸せな気持ちになりたいとき②

## ひとりでいない

**POINT**

基本的に誰かといた方が幸福感は高まるでしょう。ひとりだと、
落ち込んでしまったときになかなか気持ちを上向きにするのは容
易ではありません。家族や友人などと楽しく過ごすことで、周り
にいる人の大切さや自分が幸せなことに気づくでしょう。

# 1日の終わりを感謝で締めくくる

**POINT**　寝る前にその日1日を振り返って、「良い気分」になったことを思い出してください。ひとつだけでも構いません。思い出したら、そのことに対して感謝しましょう。幸せな気持ちで眠れ、幸せな気持ちで明日を迎えられるはずです。

# 夢や目標を追い続ける

**POINT**　夢や目標、自分の理想に少しでも近づきたいと思って行動していると、充実した毎日を過ごせます。夢や目標がないという人は、どんな風に過ごしていきたいかを考えてみましょう。立派な夢でなくても構いません。あなたが幸せならばそれで良いのです。

# 他人の良いところを探す

**POINT**　カナダの心理学者マーレーがカップルと夫婦を対象に、自分とパートナーに対して点数をつける実験を行いました。自分よりもパートナーに高い点数をつけた人の方が、幸せを感じやすいという結果になりました。他人の短所ではなく、長所を探しましょう。

3

自分の感情をコントロールする心理術

105

# 自分より不幸な人々と比較する

**POINT** ネガティブな感情は思考をもネガティブにしてしまうため、早急に消し去りましょう。人が「不幸」を感じるのは、自分よりも優位と思える人と比較してしまうことが原因です。つまり、自分よりも不幸な人と比較すると「幸福感」を実感できるでしょう。

# 「ないものねだり」をしない

**POINT** 年収がある程度高まると「年収と幸福感」は比例しないという研究結果があります。特に富裕層は「友人や家族との語らい」「安らかな休息」に幸福を感じるそうです。自分の置かれている環境に「満足感」「充実感」を見逃さないことが幸福につながります。

# 「自分は幸せだ」と言い聞かせる

**POINT** 「自分は幸せだ」と思っている人は、平均で9.4年も寿命が延びるという調査結果があります。体の健康や人間関係、環境だけでなく、普段から「自分は幸せだ」と思うことが、よい人生を送るために重要なのです。

第4章

# 自分を良く見せる心理術

人に良い印象を抱かれることは、人間関係を良好に進める第一歩です。自分を良く見せる術を覚え、人として恥ずかしくない好印象を相手に与えましょう。

# 話し方

相手とコミュニケーションを取るうえで、話し方によって自分を良く見せられるか、悪く見られるかが変わります。自分を良く見せる話し方を身につけましょう。

**➡ 相手に自分を理解者だと思わせたいとき**

## 相手の内面をとらえる一言で、理解者だと印象づける

**POINT**　一般的なことを自分のことだと思う「バーナム効果」を使いましょう。例えば相手に明るい印象を持った場合、「〇〇さんって実は堅実なタイプですよね」と言ってみます。すると、「自分のことをよくわかってくれる人」と錯覚し、好印象を抱くでしょう。

**➡ 相手にまた会いたいと思わせたいとき**

## 盛り上がっている話を突然中断する

**POINT**　話が盛り上がっているときに中断されると、続きを聞きたいという気持ちが高まります。これは「ゼイガルニク効果」と言います。「そうだ、次の予定があるんだった。この話の続きはまた今度ね」と急に帰れば、相手はまた会いたいと思うでしょう。

# 否定的な謙遜のあと、
# プラスの表現を添える

**POINT**
贈り物を渡すときに「つまらないものですが」といった謙遜だけでは、素っ気ない印象になります。そこで「つまらないものですが、一日50個限定でなかなか手に入らないお菓子なんです」とさりげなくプラス評価を添えると、その物の価値が上がります。

# 最初にポジティブな先入観を
# 植えつける

**POINT**
例えば上司から書類作成を頼まれたとします。完成した書類を上司へ手渡すとき「読みやすくまとめておきました！」など、さりげなく完成度の高さをアピールしましょう。すると、相手はあなたに前向きなイメージを持ち、書類も完成度が高いと感じます。

**4**

自分を良く見せる心理術

# 話すスピードを早くする

**POINT**
1分間に180ワードで話すよりも、220ワードで話す方が相手に信頼されやすいという研究結果があります。早口で話すことで「熱意」が伝わり、信頼感が生まれます。しかし、情熱を持って語る姿勢がなければ、信頼感は生まれませんので注意しましょう。

# 相手に合わせて話す速度を変える

**POINT**　大人になると1年が短いと感じると思います。それは年齢ととも
に代謝が落ち、「心的時計（時間感覚）」が実際の時計よりも遅く
なり、実際の時計をみると早く時間が経過していると感じるので
す。若年層には早く、高齢層には遅く話すと良いでしょう。

# 自分から進んで挨拶する

**POINT**　「おはようございます」「失礼いたします」など、挨拶は自分の存
在を相手に示す言葉です。自ら進んで挨拶することで会話の主導
権を握ることもできます。ボソボソと挨拶するとマイナスな印象
になってしまうので、元気にハキハキと挨拶しましょう。

# 共感・感謝・激励・労い（ねぎら）を添える

**POINT**　挨拶に一言添えると好感度がアップします。例えば、共感は「今
日も暑いですね」、感謝は「先日はありがとうございました」、激
励は「いつも頑張ってるね」、労いは「毎晩遅くまで大変だね」
などが挙げられます。相手に寄り添った言葉を添えましょう。

# 「えっと」「あのー」という口癖を直す

**POINT**

「えっと」「あのー」が口癖の人がいます。これらは緊張や言葉に詰まると出やすいセリフです。話が曖昧（あいまい）になり、聞き手は不快な気持ちになります。ボイスレコーダーで話し方をチェックし、意識的に話さないようにしましょう。

# 否定的な言葉や乱暴な言葉を
# 婉えん曲きょくな言い回しに変換する

**POINT**

否定的な言葉や乱暴な言葉はその人の品性を損ないます。例えば「馬鹿みたい」という言葉を「共感できない」など婉曲な言葉に変えましょう。上品な言い回しをすることで、教養や知性の高さを示すことができます。

# 用件を伝える前に
# クッションフレーズを挟む

**POINT**

人はいきなり用件を伝えると「脅威」を感じます。まずは相手に話を聞こうとする姿勢を作らせる必要があります。「〇〇さん、少々よろしいでしょうか」とクッションフレーズを使って一旦呼吸をおきます。すると、本題がより正確に伝わるでしょう。

4

自分を良く見せる心理術

# 「そうだよね」「わかるよ」と共感する

**POINT**　女性から相談を持ち掛けられたときに「解決」してはいけません。女性はあくまで「聞いてほしい」「理解してほしい」だけなのです。そのときは「間違っている」と思うことがあっても、まずは「そうだよね」「わかるよ」と共感しましょう。

# 低い声でゆっくりと話す

**POINT**　20世紀後半のアメリカ大統領選挙で、声の低い候補者の方が得票率が高かったというデータがあります。男性の場合、やや低い声で語尾に力があり、物事をはっきり言う態度が好まれます。低い声を出すために、胸から声を発するようにしましょう。

# 断定口調は使わないようにする

**POINT**　「絶対」「100％」などの断定口調は、相手をムッとさせてしまう可能性があります。あなた自身の魅力を損なうことにつながりかねないため、強い断定の口調ではなく、ソフトな口調を心がけましょう。

# 話の聞き方

どんなに熱心に話していても、相手の反応が悪ければあまり良い気持ちにはならないでしょう。つまり、話の聞き方次第で自分を良く見せることができるのです

**➡ しっかり聞いていることをアピールしたいとき**

## 聞き方を工夫する

**POINT**

会話では「話す力」よりも「聞く力」が大切です。相槌を打つ、前傾姿勢で聞くなど「聞いていること」をアピールしましょう。相槌は「うん、うん、うん」など3回以上くり返すと、早く話を切り上げてほしいと勘違いしてしまうので、注意しましょう。

**➡ 相手に話してよかったと思わせたいとき**

## 相手が主観的になれる質問をする

**POINT**

客観的に話すときよりも、主観的に話す方が素の感情がストレートに解放され、相手は快感に浸ることができます。ただの「そうだよね」などの相槌ではなく、「そうだよね。それであなたはどうしたの？」と気持ちや行動を尋ねてみましょう。

# しぐさ

魅力的なしぐさを知れば、今以上に相手にあなたを魅力的だと思わせることができます。ちょっとしたしぐさが武器にもなるでしょう。

➡ 良い人に見られたいとき

## 誰も見ていなくてもすぐに行動する

**POINT** 「ゴミ箱がいっぱいだから捨てる」「備品がなくなりそうだから補充する」など、自ら行動しましょう。誰かがやるだろうという意識の人は改めるべきです。誰も見ていなくても行動できる人は「みんなのために」行動する「公衆意識の高さ」が際立ちます。

➡ 男性が女性をドキッとさせたいとき①

## ネクタイを緩める

**POINT** 男性の首から胸にかけてはONとOFFの切り替えを象徴するゾーンです。ネクタイを締めたフォーマルな印象が、ネクタイを緩めることでギャップが生まれます。これを「ギャップ効果」と言います。ネクタイを締めることもドキッとするしぐさです。

114

# 腕まくり

**POINT**　「腕まくり」もギャップ効果を得られます。重たい荷物を運ぶときなどに腕まくりをすると普段は見せない逞しい腕があらわになり、女性はドキッとします。重い荷物を運ぶという優しさを見せつつも、腕の逞しさもアピールできます。

➡ 女性が男性をドキッとさせたいとき①

# 髪を触る

**POINT**　男性は女性らしさが強調されたしぐさに弱い生き物です。例えば「髪を触る」しぐさ。男性にはない女性の長い髪は、「触りたい」という欲求を高めます。耳に掛けたり、束ねてうなじを見せたり、かき上げてみましょう。髪は長い方が効果的です。

➡ 女性が男性をドキッとさせたいとき②

# 体をクロスさせて体の曲線を強調する

**POINT**　体をクロスさせると、女性ならではの体の曲線が強調され、魅力的に見えます。これを「クロスの法則」と言います。右耳のピアスを左手で触る、足を組むなど、体を交差させましょう。しかし、腕を組む、前髪を触るのは相手に不快感を与えてしまいます。

4

自分を良く見せる心理術

# 身だしなみ

人は見た目に影響されます。それは顔立ちだけでなく、服装や髪型、雰囲気や表情などによって相手はあなたを判断します。まずは身だしなみから変えましょう。

## ➡ 存在感をアピールしたいとき

# 黒のスーツを身にまとう

**POINT**　商談やプレゼンなどで仕事を勝ち取りたい場合、黒のスーツを身にまといましょう。「黒」は威厳や荘厳さを演出する色ですので、重みのある存在感をアピールすることができます。また、相手に信頼感を与える色でもあります。

## ➡ 自分の魅力をアピールしたいとき

# 見られたい印象の見た目にする

**POINT**　人は他人の性格や能力を「見た目」で判断しがちです。例えばスーツ姿で七三分け、眼鏡をかけていると「真面目で堅物そう」と思い込んでしまいます。これを「ステレオタイプ効果」と言います。見られたい印象の服装や髪型で見た目を演出しましょう。

# 態度

.....................................................

どんなに魅力的な外見でも、態度が悪ければ悪い印象を相手に与えてしまいます。背筋を伸ばして堂々とするなど、態度も変えると良いでしょう。

## 背筋を伸ばし、大股で歩く

**POINT** アメリカの心理学者ニーレンバーグは、背筋を伸ばして力強く腕を振り、大股でテンポ良く歩いている人は「目標達成志向が強い人（最後までチャレンジする人）」という印象を与えると言っています。歩く姿をまずは変えて、デキるように見せましょう。

## 顎の角度を20度にする

**POINT** 顎の角度によって印象は大きく異なります。顎を20度に上げると元気で快活な人に見え、30度に上げると横柄な人に見えるという実験結果があります。20度とは顎が気持ち上を向いた程度、30度は相手を見下すような視線になってしまいます。

# 初対面

初対面の相手は、まだあなたの内面を知りません。だからこそ、初対面のときに良い印象を相手に与えることで、その後の関係性が良好なものになるのです。

➡ 第一印象を良くしたいとき①

## 人は「見た目→話し方→会話の内容」の順番で影響される

**POINT**

アメリカの心理学者アルバート・メラビアンは「メラビアンの法則」で聞き手は視覚（55%）、聴覚（38%）、言語（7%）の順で影響されると指摘しています。いくら良いことを言っても、見た目で判断されてしまいます。まずは身だしなみを整えましょう。

➡ 第一印象を良くしたいとき②

## 丁寧なお辞儀をする

**POINT**

人は自分が感じた第一印象を正しいと思い込もうとします（初頭効果）。初めて会ったときにしっかりとお辞儀しなければ、だらしない印象を与えてしまいます。お辞儀は相手に敬意を示す手段です。ぎこちなくても相手には丁寧さは伝わります。

# 自然な笑顔を見せる

**POINT** 笑顔と無表情の写真を見せたとき、笑顔の写真は無表情の写真よりも20倍も人を惹きつける力があったという実験結果があります。笑顔というだけで人は惹きつけられてしまうのです。自然な笑顔を見せれば、第一印象が悪くなることはないでしょう。

# ほんの少し眉を上げ、目を見開く

**POINT** 人は好きな物や関心の高いものに遭遇すると無意識に瞳孔を開き、目を広げます。これを逆手に取り、ほんの少し眉を上げ、目を見開くことで、相手に「好印象」だと無意識に刻み込むことができます。あなたの表情は相手に強い歓迎の意と映るのです。

# 眼鏡を使い分ける

**POINT** 眼鏡のデザインによって相手に与える印象はガラリと変わります。例えば、「フレームの細い眼鏡」は柔らかい印象、「黒縁眼鏡」は知的な印象を与えます。ほかにも「丸い眼鏡」は親しみやすい印象など、眼鏡次第で印象は大きく変わるのです。

**4**

自分を良く見せる心理術

# 5秒以上見つめる

**POINT**　人は一目惚れをすると、無意識に相手の目を5〜7秒間見つめています。普段、アイコンタクトは1〜1.5秒程度なので、かなりの長い時間だと言えます。これを逆手に取って、5秒以上見つめれば、相手に特別な感情を引き起こすことが可能だと言えます。

➡ すぐ打ち解けたいとき

# 「黄色」を身につける

**POINT**　心理学的に「黄色」は人を明るくし、身近な親近感を与え、人の心を解放的にする効果があります。そのため、コミュニケーションカラーと呼ばれています。特にビジネスシーンなどで、ネクタイや手帳、小物で黄色を取り入れると打ち解けやすいでしょう。

➡ 笑顔が上手く作れないとき

# 「アヒル口」にする

**POINT**　笑顔が大事なことはほかのテクニックでもお伝えしていますが、笑顔が上手く作れない人もいると思います。そんな人は「アヒル口」を作りましょう。唇の両端の口角を少し上げるだけで「アヒル口」のようになり、相手からは微笑に見えるでしょう。

# 好意を抱かせる

気になる人がいるとき、相手に少しでもあなたを良く見せてアピールすることが大切です。恋愛だけでなく、人間関係を良好にしたいときにも使える心理術を紹介します。

**➡ デートをするとき**

## 別れ際が肝心

**POINT** 人は別れ際が肝心です。これは最も感情が高ぶった瞬間と最後で、全体の印象が決まる「ピーク・エンドの法則」が関係しています。つまり、別れ際に喧嘩をしたら、次に会うまでその記憶がずっと残ってしまうのです。別れ際を惜しむように帰りましょう。

**➡ 告白するとき**

## 夕方以降に告白する

**POINT** 人には「黄昏効果」というものがあり、夕暮れどきには人間の体内時計が不安定になると言われています。つまり、判断力が低下したり、注意力が散漫になるので、告白や説得、商談などで相手を納得させるのに適しています。

# 自分の秘密を打ち明ける

**POINT**

人は秘密を共有すると連帯感が生まれて、親密度が高まります。なかなか秘密を打ち明けることは勇気が必要ですが、「私、実は……」と秘密を打ち明けると今よりも親密になれます。ただし、初対面の人には負担になりますので、注意しましょう。

# カウンター席に座る

**POINT**

人には「パーソナル・スペース」があり、相手の45cm以内に入ると親密な関係になれます。しかし、いきなり人が45cm以内に入ると不快感が生まれてしまいます。そこでカウンター席がおすすめです。向き合うよりも自然に仲良くなれるでしょう。

# 美味しい食事を取る

**POINT**

美味しい料理を食べていると、一種の快感状態になります。そのときは警戒心が緩み、一緒にいる相手に好感を抱きます（ランチョン・テクニック）。接待でもこのテクニックを使っています。美味しい食事がお互いの印象をアップさせるのです。

# 会う回数を増やす

**POINT** アメリカの心理学者ロバート・ザイアンスは「ザイアンスの法則」で「人は相手に会う回数が増えるほど、好意を持つ」と言っています。会ったときの質よりも会う回数を多くした方が、好意を持つのです。気になる人がいる場合、たくさん会いましょう。

# 名前やニックネームで呼ぶ

**POINT** 人は名前で呼びかけられる方が、自分が一個の人格として認められたように感じ、嬉しく思います。苗字よりも名前やニックネームをお互いに呼び合うと、より親密な関係を築けるでしょう。ただし、関係性次第では不快に思う人もいるので要注意です。

# ささやき声で話す

**POINT** ささやき声は人の関心を集め、警戒心を取り除くと言われています。ささやくような話し方をすると親密度が増します。また相手の耳元でささやく場合、お願いや約束は「右耳」、告白は「左耳」など、脳の働きによって効果が違うと言われています。

4

自分を良く見せる心理術

# 恐怖のドキドキを恋愛のドキドキと勘違いさせる

**POINT**　人は不安や恐怖を強く感じているときに出会った人に対して、恋愛感情を抱きやすくなります（吊り橋効果）。恐怖と恋愛感情のドキドキを混同してしまうのです。お化け屋敷やホラー映画などで、相手をドキドキさせるとあなたを意識するでしょう。

# まずは告白する

**POINT**　なかなか勇気が持てず、告白できない人もいると思います。しかし、気になる異性がいたら、まずは告白しましょう。告白自体は嬉しいもので、人は一方的に与えられるとお返しをしたくなる「返報性の原理」が働き、告白してきた人を気にする生き物です。

# いつもと違う面を見せる

**POINT**　「ツンデレ」という言葉があります。普段はツンツンしていて、あるときだけデレッとするというものです。これは印象の振り幅が大きいと好感を抱きやすい一例です。このように、いつもと違う一面を見せると相手は好意を抱きやすいでしょう。

# 似た者同士は惹かれ合う

**POINT**　人は自分と似た魅力を持つ相手に惹かれる傾向があります。これを「マッチング仮説」と言います。自分よりも魅力的な異性だと断られてしまう可能性が高く、逆に自分よりも魅力的でない相手だと不釣り合いだと感じるのです。

# 似ていない者同士は相違点を補い合う

**POINT**　相手と自分が似ていなくても心配無用です。人にはお互いが相手にない部分を補い合う「相補性の原理」というものがあります。関係性が深くなることで、お互いが相手にない部分を補っていきます。より安定した関係を築くことができるでしょう。

# 気になる人の前で自分のことを
# 友人に褒めてもらう

**POINT**　人は他人が良いと言っていると「良い」と思ってしまうのです。これを「同調行動」と言います。気になる人の前で、友人に自分のことを褒めてもらいましょう。3人以上で褒めると効果が高く、ひとりの反対で効果は激減してしまうので注意しましょう。

4

自分を良く見せる心理術

# ひとつでも共通する深い趣味を持つ

**POINT**

人が恋愛関係になるには共通の趣味など、類似点があることが重要です。しかし、類似点が多くても内容が浅い場合は友人止まりで、類似点の内容が深い方が恋人になりやすいという実験結果があります。ひとつでも深い共通する趣味を持つことが大切です。

# 正反対のイメージを見せる

**POINT**

第一印象でマイナスなイメージを持たれてしまった人はいませんか。そんな人は「意外性」を見せましょう。人は印象の振り幅が大きいと好感を抱きやすいと言いましたが、プラスなイメージを見せれば、マイナスなイメージを払拭することができます。

# 相手から見て右側の席に座る

**POINT**

人の視線は左から右へ移動する性質があります。また最後に認識した情報を強く記憶にとどめる傾向があります（親近効果）。この効果を利用して、合コンといった複数の人数が集まるときは、相手から見て右側の席に座ると印象に残りやすいでしょう。

## 横に座る

**POINT**　複数の人が集まっていて、気になる人が正面にいるとします。そのときに相手が隣の人と話していたり、緊張して話せないときは隣の席に座りましょう。隣に座ると同調しやすいという研究結果があります。隣の席以外では、直角になる席もおすすめです。

➡ 警戒心を取りたいとき

## 適度なスキンシップを取る

**POINT**　適度なスキンシップは異性だけでなく、同性にも好意を持たせるきっかけになることがアメリカの実験結果でわかっています。例えば「肩に触れる」「握手する」など。ただし、相手が不快に思わないようにさりげない程度にとどめておきましょう。

➡ 男性を褒めるとき

## 強さや成果、能力を褒める

**POINT**　男性の脳は狩猟本能の働きが強いため、評価基準として獲物を捕まえる能力が重視されます。そのため、男性を褒めるときは能力を褒めてあげると喜ぶでしょう。例えば「仕事が早いですね」など能力を褒めれば、自尊心をくすぐられ、嬉しく思います。

4

自分を良く見せる心理術

# コツコツ頑張る姿を褒める

**POINT** 女性は古来、家庭を守り、育む（はぐく）ことが大きな役割でした。そのため、頑張る姿を褒められると嬉しいものです。結果よりもプロセスを褒めましょう。例えば「いつもコツコツ頑張ってるね」など、行動や気持ちに理解を示しながら褒めるのがポイントです。

# 一カ所だけ褒める

**POINT** 女性は一カ所を褒めるだけで、すべて褒められたかのように感じます。むしろ、「君は綺麗でスタイルもいいね」とたくさん褒めたのに、「見た目は良いけど、内面は悪いってこと？」と逆襲されかねません。褒めるときは一カ所にとどめておきましょう。

# 美人は内面を褒める

**POINT** 褒められ慣れている人には「内面」を褒めましょう。例えば「冷たく見えるけど、家庭的なんだね」などとさりげなく褒めると効果的です。ただし、「美人なのによく頑張っているね」など、馬鹿にした言い方では逆効果なので注意しましょう。

# メールや電話で伝える

**POINT**　電話やメールは対面で伝えるよりも、言葉が主役のコミュニケーションツールです。また対面とは異なり言葉しか使えないため、想像力が働きやすいものです。良い出来事はより良く、悪い出来事はより悪くイメージされます。良いことだけを伝えましょう。

➡ 会話で相手の気を引きたいとき①

# 夢に出てきたよ

**POINT**　夢に表れるというのは、心の底から強い思いがあるからだと思われやすいものです。ただし、「良い夢」でなければいけません。また「一緒に笑ってた」など、夢の内容はふんわりとしていて構いません。変に細かいと嫌悪感を抱かせてしまいます。

➡ 会話で相手の気を引きたいとき②

# 「僕たち・私たち」「一緒に・お互いに」

**POINT**　連帯感がある言葉には力があります。連帯感がなくても、「僕たち・私たち」「一緒に・お互いに」という言葉を使うだけで、実際に連帯感が生まれます。例えば「頑張ろう」よりも「一緒に頑張ろう」と伝える方が、連帯感が生まれ、好感を抱くでしょう。

4

自分を良く見せる心理術

129

# 「前に〇〇と言っていたね」
# 「前に〇〇したんですよね？」

**POINT**

相手の言動を覚えているということは、相手に興味がある証拠です。相手からすると、「そんなことまで覚えてくれてるんだ」と嬉しい気持ちになります。ちょっとした会話でも覚えてもらえると、もっと色々と話したいと会話が弾むでしょう。

# 「不思議な人」「わからない人」
# 「周りにはいないタイプ」

**POINT**

「不思議な人」「わからない人」「周りにはいないタイプ」といった言葉はあまり言われないものです。しかし、「自分にはまだ眠っている才能がある」と幸せな気分になれる言葉です。引っかかりを覚えるため、あなたのことを気になるはずです。

# 「ここだけの話」をする

**POINT**

「これはここだけの話だけど〜」「〇〇さんだから話すけれど」と前置きすると、相手は重要な秘密を打ち明けられたように感じ、秘密の共有による仲間意識と親密度をアップすることができます。

# 知っていると楽しい
# 心理の雑学

## なぜ都会の人間は冷たいと言われるのか

　都会の人は「冷たい」「困っている人がいても助けない」といったイメージを持っている人がいます。しかし、都会の人も地方の人も差はありません。都会の人が冷たいと言われる原因のひとつとして「過剰負荷環境（情報過多環境）」が挙げられます。人が過剰負荷環境にいると、多すぎる情報の中から必要なものを取り入れ、それ以外は無視するという行動を取ります。つまり、自分と関係がない人とのコミュニケーションは最低限に抑えるため、冷たい印象を与えてしまうのです。地方の人が都会に「染まった」と言われるのも、過剰負荷環境に身を置くことで、その環境下で順応した結果だと言えます。

## なぜ行列に並びたくなるのか

　行列ができていると気になったり、思わず並んでしまった経験がある人もいると思います。これは集団からの圧力を感じて、周囲の意見に合わせた言動を取ってしまう「同調行動」が影響しています。アメリカの心理学者スタンレー・ミルグラムは、ニューヨークの繁華街に人を立たせ、6階の窓を60秒間見上げさせました。ひとりに見上げさせた場合、40%の人が、5人に見上げさせた場合、約80%の人が同じように見上げたのです。この心理を利用して、席数を減らし、わざと外にお客さんを並ばせることで繁盛店のように見せ、さらなる顧客を獲得することも可能でしょう。

# 電車で端の席に座りたがるのはなぜ

電車や新幹線などの乗り物では端の席が人気です。これは電車などの狭い空間では「パーソナル・スペース（他人に立ち入られると不快に感じる距離）」を確保することが難しいため、端の席が人気なのです。エレベーターに乗ると無言になり、階数表示を見つめてしまうのも不快感を紛らわせる行動です。パーソナル・スペースは、恋人や家族との距離感である「密接距離（45cm 以内）」、友人との距離感である「個体距離（45 ～ 120cm）」、仕事関係者との距離感である「社会距離（120 ～ 360cm）」、講演などの距離感である「公衆距離（360cm 以上）」があります。乗り物内では密接距離に他人が座るため、ストレスに感じるのです。

# 「最後の一点」を買ってしまうのはなぜ

「最後の一点」という言葉は購買意欲を高めます。人は無意識のうちに自由だと思っています。しかし、その自由が失われそうになると抵抗したくなるのです。これを「心理的リアクタンス」と言います。要するに、「最後の一点」と聞くと、いつもは自由に「買う・買わない」を選択できるのに、これを逃すと買えないという選択の自由が奪われてしまいます。その自由を奪われたくないため、買いたくなります（抵抗します）。しかし、購入することで、満足感や商品を持っている人が少ないという優越感を味わうこともできます。限定を表す売り文句には、「数量限定」と「期間限定」があります。

## 端数価格を買ってしまうのはなぜ

　端数価格にすると売り上げがアップします。人は半端な数字を出されると「何か意図があるのでは？」と無意識に感じます。これを「端数効果」と言います。また人は無意識のうちに、キリの良い数字を基準に考えるところがあります。898円は800円台、900円だと900円台になります。たった2円の違いがグループの違いを生みます。この違いが購入の判断基準になってしまいます。ほかにも端数にすると値下がりしたと感じやすくなります。580円が520円になったAと530円が498円になったBだとBがお得に感じやすいですが、Aの方が値下がりは大きくなります。売り上げアップを狙いたい場合、端数価格にしましょう。

## なぜブランドが好きなのか

　ブランドとは元々焼き印で他人の家畜と区別したものを言いました。同じように、ほかの商品やサービスと差別化ができるように独自の名前をつけたものがブランド名でした。ほかと区別できる特徴を持つ商品やサービスは価値が高いものなので、転じて高級品などの製品を指すようになりました。ブランドの価値は、上質でデザインや素材に優れているブランドの良さの「1次的価値」と、買うことができる自分をアピールする「2次的価値」が組み合わされています。つまり、2次的価値で一流の栄光にあやかって自分の社会的価値を高めようとしているのです。これは「グローリー・バス（栄光浴）効果」と呼ばれるものです。

# なぜ占いは人気なのか

　占いは誰にでも当てはまることなどを書かれたり、言われたりしても自分のことのように感じてしまいます。これを「バーナム効果」と言います。占いが人気な理由は「自己認知欲求」が関係しています。「自己認知欲求」とは自分のことをもっと知りたいという欲求です。この欲求が満たされるため、占いは人気なのです。自己認知欲求は、「自己確認（知っている情報を改めて思い知ること）」と「自己拡大（今まで知らなかった情報を初めて知ること）」の２つに分けられます。特に自分では気づいていない長所などの「自己拡大」を満たすと大きな満足感が得られます。占いは外れても知らない自分を知れて嬉しいから人気なのです。

# 最初の２秒で感じた「なんとなく」は案外正しい

　「じっくり物事を見定め判断する」「瞬時に判断する」、どちらが正しいでしょうか。実は十分な情報を集めて判断されたことと、瞬時に頭の中で判断したことを比べた心理学の実験では、結果に大きな違いがないことがわかっています。人間は瞬時に判断が必要とされる危機的状況に対して、判断能力を磨き、進化してきました。日常生活のほとんどの物事を、人間は少ない情報から無意識に判断しています。例えば、道で角を曲がるとき、向かいから自転車や車がきたら「危ない」「避けないと」と感じることでしょう。つまり、時代の流れとともに、人間には瞬間的に物事を正しく判断できる能力が身についたと言えます。

# 「言い間違い」は無意識の本音の表れ

　大事な場面で、言おうと思っていることとは違うことを言ってしまった経験は
ありませんか。オーストリアの精神科医ジークムント・フロイトは「言い間違い」
を「錯誤行為」と名付けました。これは本人が意識している意図と、それを妨害
しようとする無意識の意図がぶつかり合って、起こってしまうものだと言います。
つまり、心の中で思っていること（本音）と言わなければいけないことが混ざり、
口から出てしまうのです。「錯誤行為」は言い間違いだけでなく、書き間違いや行
動の間違いなども含まれます。ただし、疲れていたり、ほかのことに注意を奪わ
れた可能性もあるため、すべてが当てはまるわけではありません。

# ヒーローに憧れるのはなぜ

　子どもがヒーローに憧れるのも、大人が好きな芸能人の髪型などを真似するの
も、同じことです。自分にとって理想的な対象を見つけ、その行動・服装・表情
などを真似ることで、その相手と一体化した気持ちになるのです。これを「同一
化」と言います。人は自分よりはるかにすごい存在を前にすると、劣等感を感じ、
自信をなくしてしまいます。しかし、同一化することで劣等感を解消し、自信を
持てるようになります。私たちが初めて同一化する相手は自分の親です。親と同
一化することで、社会に適応する力や価値観、男性・女性らしさを身につけます。
「自分らしさ」には色々な人から影響されたものが組み合わさっているのです。

# 運動が得意になるには

運動が得意になるためには「運動記憶」を鍛えることが効果的です。この運動記憶とはものを覚える認知記憶とは異なります。運動記憶では「大脳皮質→小脳皮質→筋肉」と伝わることで筋肉が動きます。しかし、最初から上手く筋肉は動かせません。例えば、飛んできたボールを上手くキャッチできなかったとき、大脳皮質は小脳皮質に信号が送られ、間違った指令だと抑制されます。これが何度もくり返され、正しい指令が構築され、運動能力が向上します。つまり、運動が得意になるためには何度も失敗し、正しい感覚を身につけていくことが重要です。これはスポーツに限らず、演奏や演技など体を使うものすべてに共通します。

# 子どもがウソをつくのは健全な証拠

親から「ウソをついてはいけない」と言われたことや、子どもに「ウソをついてはいけない」と言ったことはありませんか。「ウソをつくこと＝ダメなこと」ではありません。むしろ、子どもがウソをついたら、健全な社会的発達を遂げていると認識しましょう。アメリカの心理学者マイケル・ホイトは「子どもが初めて親にウソをついたとき、子どもは絶対的だった親の束縛から自由になれる」と言っています。つまり、子どもがウソをつくことは自分を主張し、自立への第一歩を踏み出したということです。頭ごなしに叱るのではなく、どんなウソか見極めて大人の対応で接するのも子どもの成長を妨げないひとつの方法です。

# 反抗期こそ子どもの成長期

　人生で反抗期は、2 〜 3 歳頃に起こる「第一反抗期」と 12 〜 17 歳頃の青年期に起こる「第二反抗期」の二度あります。第一反抗期は自分の欲求を自己中心的に叶えようとする反抗期で、児童期には明確な意思を示す子どもになったという報告もあり、発達するうえで必要な時期です。第二反抗期は大人と子どもとの間で揺れ動く時期であり、親や教師の言うことを聞かない、否定的な態度を取るなど、児童期の社会性発達に対するアンチテーゼ（反対の説）の表れです。第二反抗期は親への依存から脱し、自立へと向かう心理的離乳（心理的に両親から「乳離れ」をする）が行われ、大人になるための大切な精神的自立への一歩です。

# なぜマザコンになるのか

　「マザコン（マザーコンプレックス）」とは、母親に対して青年が強い愛着・執着を持つ状態を指します。「エディプス・コンプレックス（無意識の中で起こる葛藤）」を克服できずに成長していくと「マザコン」になってしまいます。3 〜 6 歳の男の子は母親の愛を独り占めしたいという思いが生まれ、父親の存在を疎ましく思います。しかし、父親には力ではかなわないと悟り、母親への憧れを諦めますが、夫婦の中が悪い、父親が家にいないなど、家庭環境に恵まれない場合、母親と息子の絆が強くなりすぎてしまい、マザコンになってしまうのです。これを娘と父親に当てはめたものを「エレクトラ・コンプレックス」と言います。

# 嫁姑問題はなぜ起こるのか

どの時代でも「嫁」「姑」の仲は難しいと聞きます。特に夫が幼い頃、父親が働いてばかりだったという環境では父親の存在が希薄になり、母子一体化状態が進んでいます。つまり、父親と母親という絆よりも母親と息子の方が深い状態です。その関係性の中に嫁が入ってきたらどうなるでしょうか。嫁と姑と息子という三角関係になります。姑にとって嫁は、自分の主婦の権限を侵し、大切な息子を奪う存在と言えます。嫁と姑が上手くやっていくためには、嫁と息子、姑と舅しゅうとのそれぞれの夫婦関係を円満にする必要があります。姑と息子が適切な距離を保てれば、三角関係は次第に解消されるでしょう。

# 人はなぜうわさ話が好きなのか

なぜ私たちは何の根拠もない「うわさ話」をするのでしょうか。話し手はうわさを話すことによって、情報通であるように見せられ、聞き手に感心されることによって優越感が得られます。聞き手は普段の生活では得られない刺激をその情報から受けているのです。うわさ話から秘密の情報を共有しているという仲間意識も得られます。また、うわさ話をすることでストレスを解消しています。うわさは悪い内容であることが多く、うわさを話すことで誰かを攻撃する代わりとなっています。ひとりだけそのうわさを知らないと仲間外れにされてしまうからこそ、仲間外れにされたくないと、うわさ話が尽きることはないのです。

## 冗談が通じないのはなぜ

　「冗談が通じない人」というのはある一定数います。心理学の調査では「ウソを信じ込みやすい人」と「想像力が豊かな人」には強い相関関係があることがわかっています。想像力が豊かなため、様々な話をリアルに思い描き、現実だと思ってしまうのです。人間はリアルに想像すればするほど、現実のものとして考えてしまいます。ほかにも、コミュニケーションを単なる情報のやり取りだと考え、必要最低限の会話でよいという「人に興味がないタイプ」、冗談を言い合える関係だと思われていないケース、同じような経験や知識を持っていないと通じない冗談だった……など冗談が通じない理由はいくつかあります。

## なぜ「最近の若者は」と言ってしまうのか

　「最近の若いやつは」「最近の若手は」と言われたこと、言ってしまったことはありませんか。どの管理職の世代でも「対人比較欲求」から若い人と比較し、「自己承認欲求（他者から尊敬されたり認められたい欲求）」によって自分たちが優れた世代であると思いたいため、批判してしまうのです。よくある世代論として、バブル時代はブランドやキャリア志向、ロストジェネレーションは消費や結婚に消極的、ゆとり世代はデジタル・ネイティブで、現実的でルールは守るが打たれ弱いなどがあります。このような世代論を真に受け、その世代に対して偏見を持つのは良くありません。あくまでひとつの傾向として受け入れましょう。

# 大切な人とは水曜日には
# 会ってはいけない

　日曜日の夕方から気分が落ちたり、休みが終わることが憂鬱なことを「ブルー・マンデー」と言います。最もトラブルが起こるのは「水曜日」です。アイオワ大学のスティーブ・ダック教授によると、一週間で一番口喧嘩をした回数が多いのはダントツで水曜日だったそうです。月曜日は新しい週が始まる緊張感があり、その緊張感が日を追うごとに減っていきます。木曜や金曜は休みが見えてくることで緊張感が持ち直すのでしょう。週半ばの水曜日は緊張感が緩み、失言してしまうのです。ビジネスシーンや大切な人と会うときは水曜日を避けましょう。もし、水曜日に会う場合、いつもより気を引き締めて臨むことです。

# ダイエットで挫折しやすいのはなぜ

　太っている人は「外発反応性（外からの情報に欲求が左右されやすいこと）」が高いと言われています。例えば、夜９時以降は食べないと決めても、家族が目の前でお菓子を食べていれば食べたくなって手が伸びてしまうなど、流されやすい人は外発反応性が高いと言えます。遺伝学者カミングスによると、簡単に食べられるものを好む人は太りやすいそうです。すぐに手に入れられると、手にする快感が薄くなり、過食や依存に走ってしまうのです。これを「報酬不全症候群」と呼びます。人は苦労すればするほど、手に入れたときの満足感が高いのです。労力を惜しまず、食べるまでの過程を楽しめば太りにくくなります。

## 人はなぜ怒るのか

　人は「出来事→感情→怒り」というステップで怒りを感じます。つまり、怒りの前に感情があるからこそ、怒りに変わるのです。その感情とは不安やさみしさ、落胆です。例えば、誰かと待ち合わせしている場合、「もうすぐ会える」と期待します。しかし、相手が遅れると、不安や心配などの感情が湧きます。このような感情は不快なものであるため、それらから逃れるために「怒り」に変えてしまいます。怒りの度合いは不快な感情の大きさ（期待の大きさ）に比例します。怒りの根底にあるのは期待している気持ちです。その期待が思い通りにならないため、怒るのです。怒りではなく、あなたの気持ちを相手に伝えるべきです。

## 悪口を言いたくなるのはなぜ

　もし、あなたが悪口を言いたくなっているのであれば、あなた自身にストレスやフラストレーション（欲求不満）が溜まっていて、上手く解消できていないのかもしれません。人間は誰かを攻撃することで、快感を覚える生き物です。悪口を言うことは他人を攻撃することです。普段は理性で悪口を言いませんが、「相手が悪い」という理由があれば、堂々と悪口を言えます。相手を攻撃することで、相対的に自分は優れていると感じられるのです。もしも、あなたが誰かから悪口を言われた場合、落ち込む必要はありません。相手は「ストレスが溜まっていたんだ」と思いましょう。あなたが悪口を気にする必要は全くないのです。

# 性格は分類できる

　心理学では「類型論（ある基準によって分ける方法）」と「特性論（基本となる性格を考えて、その度合いを評価する方法）」の２つの性格分類法があります。代表的な類型論にドイツの精神医学者エルンスト・クレッチマーの「体型別性格分類法」があります。これは①肥満型（社交的で明るい性格だが、気分にバラつきがある）、②やせ型（神経質で控え目。周囲と関わるよりも自分の世界で過ごしたい）、③筋肉質型（正義感が強く、頑固で自分の意見を押し通す）の３分類法です。性格を「外向性・内向性」に分け、さらにそれぞれを４つの心理機能（思考型・感情型・感覚型・直感型）ごとに分類したユングの類型論もあります。

# 兄弟の性格は親の接し方で決まる

　親からの接し方の違いが兄弟の性格の違いを作ります。例えば、長子（最初の子）は初めての子どもで親は子育てに熱心になりがちで、積極的に子どもに関わろうとします。しかし、二人目（中間子）以降は一度長子で経験しているため、余裕を持って子育てできます。長子は兄弟ができることで、母親の愛情が半分奪われたように感じ、それを乗り越え、耐える力が身につきます。次子以降は、長子がいることで競争のために要領を身につけ、親の注目を集める行動を意識して行えるようになります。兄弟関係は友人関係の基礎、社会性を発展させる基盤となるため、兄弟喧嘩も一種の学習の場だと言えるでしょう。

## 寝相から性格を読み取れる

　寝相（スリープ・ポジション）は、その人の深層心理が表れるとアメリカの精神分析医サミュエル・ダンケルは考えました。例えば、仰向けの姿勢の王様型（堂々とした自信家でおおらかな性格）、横向きで胎児のように体を丸めた姿勢の胎児型（依存心が強い）、うつ伏せ型（几帳面で真面目）、横向きでひざを少し曲げた姿勢の半胎児型（ストレスを溜め込まないバランスの取れた性格）などがあります。また横向きで足首や手首を交差させた姿勢の囚人型（ストレスや悩み事を抱えている可能性大）やうつ伏せで背中を丸め、膝を折った姿勢のスフィンクス型（無意識に眠るのを拒否している）など、寝相から性格を読み取れます。

## 夢から自分の心がわかる

　人は1日約4〜5個の夢を見ていると言われています。夢には、願望や望みを実行している夢「補償夢」と、イヤなことや恐れていることが起こる夢「逆補償夢」の2つがあります。「補償夢」は欲求や願望が叶えられることで、心が満たされる、「逆補償夢」では現実をプラスに受け入れ、幸せを確認できる、恐れている事態の予習になると言われています。幸せな良い夢（補償夢）をよく見る人は、心に満たされない欲求を抱えており、望ましくない夢（逆補償夢）をよく見る人は今の生活や自分自身に満足していることを意味します。夢は自分の心を映し出す鏡なのです。どんな夢であれ、夢は心を浄化してくれるものです。

# なぜ理屈っぽいのか

　理屈っぽい人は「知性化」が影響しています。「知性化」とは防衛機制のひとつで、自分の本能や欲求に直面することを避け、知性や観念の世界に逃げ込むことです。理屈っぽい人は自分の気持ちを素直にさらけ出さず、知識を得ることで欲求をコントロールしているのです。また知性化は自信のなさの裏返しでもあります。自分に能力があることを必要以上にアピールしたいため、難しい専門用語などを使うのです。一般的に「理屈っぽい人」はネガティブな印象を与えてしまいます。周りくどい言い方や言い回しは相手を不快にします。もし周りに理屈っぽい人がいるときは、コンプレックスの裏返しだと受け入れてあげましょう。

# なぜ些細<ruby>些細<rt>ささい</rt></ruby>なことで傷つくのか

　ちょっとしたことで傷ついてしまうのは「自己評価」が低いことが原因です。自己評価とは自分に対する評価のことです。自己評価が低い人はいくつかの傾向があります。例えば「自分を悪く言われると安心する」「周りの人の顔色を伺いすぎる」といったことが挙げられます。自己評価が低いと、「自分はダメだ」という気持ちがどんどん強くなります。自己評価が高い方が積極的に物事を行え、充実した人生を送れます。褒め言葉を素直に喜ぶなど、自己評価を高める努力をしましょう。もし、周りに自己評価が低い人がいたら、くり返し相手を褒めましょう。くり返し伝えることで、真実だと認識しやすくなります。

## プレッシャーに勝つ方法

　人は、自分を実物以上によく見せようとすると緊張します。「失敗したくない」「上手くやらなきゃ」といったプレッシャーによって気持ちが焦るのです。しかし、緊張することは悪いことではありません。心理学者のヤーキーズとドッドソンが発見した「ヤーキーズ・ドッドソンの法則」によると、慣れていることは緊張やプレッシャーが強い方が上手くいき、慣れていないことは緊張が弱い方が上手くいきます。何度も練習して慣れてしまえば、緊張状態で物事を上手くやり遂げることができます。「緊張してはいけない」と思うほど、余計に緊張してしまうため、緊張することも含めてその場を楽しむようにしましょう。

## 優柔不断を断ち切る方法

　「優柔不断でなかなか決められない」という人は後悔を恐れているのかもしれません。イスラエルの心理学者メラマードは判断までに時間がかかる人ほど、性格的に不安を抱きやすいと言っています。また医師シュピッツバートは大事なのは決断の結果ではなく、「決断すること」自体だと述べています。決断することは結果よりも大事なことなのです。優柔不断を断ち切る方法は「期限を決める」「後悔を恐れない」などがあります。特に心理学者アベンドロスらの調査で「やったこと」よりも「やらなかったこと」に対する後悔の方が強いとわかっています。「やらない」で後悔するより「やって」後悔する方が良いのです。

# ポジティブになる方法

　思考は言葉に表れると言いますが、ポジティブになるには「言い換える」ことが重要です。言い換えるときは「否定形」を使わず、「能動形」を使うことです。自分自身をネガティブにとらえている人ほど、否定形を使っています。「あと〇〇日しかない」ではなく「あと〇〇日もある」、「嫌いじゃない」ではなく「好き」など、「肯定形」で表現しましょう。また「受身形」の言葉も、相手に良い印象を与えません。「やらされている」ではなく「やる」といった「能動形」で言い換えましょう。誰かを叱るときも「なんでできないの！」ではなく「次からは気をつけよう」と否定形は避け、「未来の肯定形」にしましょう。

# 成功する人になる方法

　アメリカの心理学者ダックワースは「成功のために最も必要なものは、才能ではなく、行動を継続すること」だと述べています。また心理学者ホーナーは、人間は無意識に成功を回避する心理があるという「成功恐怖理論」を提唱しました。もし、ビジネスで成功し、大金を得たと仮定した場合、「周りから嫉妬されるかもしれない」「誰かに騙されるかもしれない」と悪いストーリーを思い浮かべた人は成功回避傾向が強いと言えます。この成功回避傾向が強い人は「それでも成功したい」と強く思うことが大切です。自分の夢や希望を叶えるためには、強く思うこと、そして継続して夢や希望に向かって走り続けるのです。

## なぜ女性は「かわいい」を連発するのか

　女性は男性に比べて「かわいい」と言う頻度が高いです。特に女性同士で「かわいい」と言うときは「共感シグナル」を相互発信しています。男性は女性が「かわいい」と言ったら、「かわいいね」と同調しましょう。オーストリアの動物行動学者コンラート・ローレンツは人が幼いものの身体的特徴に対して本能的にかわいいと感じ、保護などをする概念「ベビースキーマ」を提唱しました。ベビースキーマは大きな頭、顔の中央よりもやや下に位置する大きな眼などがあります。赤ちゃんをかわいいと思うのはベビースキーマが関係しています。ただし、「かわいい」は脳内で作られる感情です。すべてを見た目や形で定義できません。

## 女性は「自分磨き」するほど恋人ができにくくなる

　自分磨きは恋人がほしいという女性にはおすすめできません。男性と女性には恋愛観の違いがあります。男性は恋人を選ぶとき、自分の目線の水平からやや下を見ます。つまり、自分よりやや劣るくらいの女性と付き合いたいのです。一方、女性は自分のレベルと同等かそれより上を見ます。いくら良い男性がいても、自分のレベルより下の男性は目に入らないのです。女性が自分磨きをすることで、費やした労力の分だけ自分の価値が高まったと思い込み、男性を選ぶハードルがどんどん上がってしまいます。自分に自信を持つために行う自分磨きは良いことですが、彼氏がほしいという目的のための自分磨きには気をつけましょう。

# 腕を組ませたい男と手を繋ぎたい女

　男性が女性と歩くときに腕を組ませたがる人は「君（彼女）は自分に所属している」というアピールです。相手を自分の思い通りにしたいという気持ちが隠れています。一方、女性は手を繋ぎたがります。これは「あなたと対等な関係よ」というアピールです。男性を上手くコントロールしたいといった気持ちが隠れています。ほかにも悩んだとき、男性は気持ちを整理するためにひとりにしてほしいと思います。そのとき、彼女には見守っていてほしいと思っています。しかし、女性は悩んでいる自分を気遣ってほしいと思います。話を聞いて慰められることで、心の負担を軽くしたいのです。男女はこんなにも違う生き物なのです。

# なぜ男と女はわかり合えないのか

　男女がわかり合えないのは、脳が違うからです。例えば男性は会話に「目的」や「意味」を、女性は「共感」を求めています。女性はただ共感してほしいだけなのに、男性は解決しようとするため、すれ違うのです。また感情をもとに記憶している女性は喧嘩をしたときに「あのときも」と昔の話を持ち出します。感情の連鎖反応が起こりやすく、喜怒哀楽が激しくなりやすいのです。しかし、男性は事実をもとに記憶しているので、女性の喜怒哀楽の理由がわかりません。男性は女性の話の腰を折らず、共感する。女性はこの話に深い意味はないと前置きしてから会話し始めるなど、対処するとお互いにストレスなく会話できるでしょう。

## 「好き」の理由は聞いてはいけない

　女性は愛を確かめたくなる生き物であるため、恋人に「私のどこが好き？」と聞きたくなってしまいます。しかし、この言葉は破局の可能性を秘めています。人は自分の言葉によって、無意識に気持ちが左右されます。例えば、彼女の「私のどこが好き？」という質問に「優しいところ」と答えたとします。すると彼は「優しいから好き」と意識します。しかし、彼女に冷たくされたとき、「優しいところが好きだったけど、誤解かも」と思ってしまいます。愛情が冷めてしまうことにもなりかねません。人はどこが好きなのかよくわかっていないものです。相手から無理に言葉を引き出そうとせず、自分の気持ちを表現しましょう。

## 好きなのにいつも喧嘩になるのはなぜ

　好きなのに喧嘩してしまうのは、距離が縮まると相手に気を遣わなくなり、ぶつかってしまうからです。これを心理学者レオポルド・ベラックは「ヤマアラシのジレンマ」と名付けました。由来はドイツの哲学者ショーペンハウエルの寓話からとられたもので、2匹のヤマアラシが寒さで温まるために体を寄せ合うと、お互いの棘とげが相手を傷つけてしまう。しかし、離れていると寒いというものです。要は近づきすぎると喧嘩になる、離れると寂しい。このジレンマに悩みながら、ちょうど良い距離感を探っていく必要があるのです。そのために、男女の違いを理解し、お互いの妥協点を探し、心地良い距離感を保つことが大切です。

# 上手な喧嘩の仕方

カップルはお互いを傷つけ合うのではなく、仲が深まる「上手な喧嘩の仕方」を身につけましょう。「コーピング理論」を使います。コーピング理論とは、ストレスに対する反応を抑えたり、低減したりするストレス対処行動です。喧嘩もストレスです。コーピング理論には人に相談してストレス要因を特定し、取り除く「問題焦点型コーピング」と、ストレス低減を目的に、気晴らしをしたりして、問題と距離を取り、不快な感情を緩和させる「情動焦点型コーピング」があります。喧嘩したときは原因を探り、問題解決してみましょう。もし、ヒートアップした際は問題を先送りにして、冷却期間を設け、日を改めて話し合いましょう。

# どうして浮気するのか

浮気を進化心理学的な傾向から見ると、男性は自分の遺伝子を残すために不特定多数の女性と性的な関係を持ち、女性はできるだけ優秀な相手を選ぼうとします。現在の彼よりも優れた遺伝子を手に入れられる可能性がある場合、浮気してしまいます。生物学的な理由以外には「不足原則」と「自己拡大」が関係しています。「不足原則」は彼氏（彼女）との関係で満たされないものを浮気相手に求める傾向のこと、「自己拡大」は浮気相手が自分の知らなかった側面を評価してくれたり、いつもとは違う体験をさせてくれたりすることです。浮気対策としては、自分に不足している点を補うこと、新鮮な体験をするなどが挙げられます。

## なぜ尽くしてしまうのか

　恋愛で、最初は相手が追いかけてくれたのに、付き合い始めたら自分が追いかけてしまっていることはありませんか。自分ばかりが相手に尽くしてしまっている人もいると思います。これは愛情が強い方が弱い立場になり、相手に尽くさなければならなくなる「最小関心の原理」というものです。相手に尽くしたり、貢いだりする人の多くが自己評価が低く、常に不安や自己嫌悪を感じています。自己評価が低いと、自分を卑下しがちで、どんなに相手に尽くしても飽きられてしまいます。しかし、自己評価が高い人は自己主張ができ、かえって魅力的で輝いて見えます。尽くすのではなく、尽くさせることであなたへの愛が深まるのです。

## 失恋から立ち直るには

　失恋したときは、徹底的に考えることが大切です。失恋した原因をどこに求めるかによって立ち直り方が異なります。これを「原因帰属（成功や失敗の原因を考えること）」と言います。原因を自分以外とする「外的帰属型」は「運が悪かった」と考え、立ち直りは早いものの反省しないため、同じ失敗をくり返します。一方、原因は自分とする「内的帰属型」だと、「自分に魅力がなかった」と自分をどんどん追い込んでしまい、立ち直るのに時間がかかります。程よく反省して気持ちを切り替えることが大切です。失恋した者同士で、励まし合うのもおすすめです。逆にイベントや明るい音楽は逆効果なので、注意しましょう。

## 別れたくないとき

　別れたいと相手から言われたとき、どんな反応をすると別れ話を切り抜けることができるのでしょうか。人間は追われると逃げたくなり、逃げると追いかけたくなります。つまり、「別れたくない」と追いすがるほど、相手は「別れたい」と思ってしまうのです。これは心理的リアクタンスが働くためです。もし、別れ話になったら本心は隠し、「わかった。今までありがとう」と感謝の気持ちを伝えましょう。相手は引き留められるものだと思っているため、拍子抜けし、気持ちが揺り戻されるのです。また別れるとき、「ほかに好きな人ができた」という言葉は別れる辛さを助長し、相手の劣等感を刺激するため、注意しましょう。

## 突然「殻に籠る男」と「泣き出す女」

　男女で会話をしていると突然男性が黙ってしまう、女性が興奮して泣き出すことがあります。女性は、男性がいきなり黙ってしまっても気づきにくいものですが、男性は女性との会話中に突然「上の空」になります。これは男性が「モノタスク（一点集中型）」だからです。ふと何かを思いつくと、そちらに意識を持っていかれてしまうのです。女性が急に泣き出すのは「マルチタスク（複数同時進行型）」が影響しています。マルチタスクによって感情センサーが複雑になり、思いが乱れてしまうためです。「女の涙は武器」と言われますが、なぜ泣いているのかわからない男性もいます。悲しくて泣くよりも嬉しくて泣きましょう。

## 警官を見ると緊張するのはなぜ

　街でパトカーや警察官を見ると、違反をしているわけではないのに、なぜか一瞬緊張してしまうことはありませんか。これを心理学では「条件付けによる学習」がもたらした緊張と言います。子どもの頃に親から「悪いことをする子は警察に連れて行くよ」と教わることで、「警察は怖い」という認識を植えつけられ、大人になっても警察に対して少し身構えてしまうのです。親から「警察＝怖いもの」という認識を植えつけられなければ、警察を見ても緊張しません。子どもが注射嫌いなのも、同じことが言えます。注射を打たれることで「痛い」「怖い」と経験することで注射器を見るだけで怖がり、病院に行くことさえ嫌がるのです。

## 運転すると人が変わるのはなぜ

　「ハンドルを握ると人が変わる」という人がいます。これは車と自分を同一化し、日頃溜め込んでいたストレスが出て、変わってしまうのです。車のような人間よりもパワーがあるものを操ることで、まるで自分自身が強くなったかのような錯覚に陥ります。特に運転中に暴言を吐く人は、普段からストレスを発散させられず、我慢しているでしょう。このような行動を止めたいときは窓を開けると、車内と車外との境界がなくなり、強気な気持ちが揺らぎ、落ち着くでしょう。ほかにも、お酒を飲んで酔ったときは本能や本音が表に出やすくなります。「車の運転には性格が出る」ことから、相手の一面を知る良いきっかけでしょう。

# 犯罪が発生するシチュエーション

　犯罪は加害者と被害者だけでなく、第三者が目撃や介入することで成り立ちます。社会心理学者の安倍淳吉は犯罪が発生するシチュエーションを4つに分類しました。①密行型（万引きなど、被害者やその周辺の第三者に犯罪を認識・妨害されないようにする）、②潜行型（空き巣など、加害者以外、犯行場面に誰もいない）、③威力型（銀行強盗など、加害者が被害者と第三者に対して自分の行動を認知させ、彼らの抵抗を強引に抑制させる）、④詐欺型（詐欺事件など、加害者の行動が被害者や第三者にとって有利な行動であるかのように認識させる）。ただし、売春などのように直接的な被害者が存在しないケースもあります。

# なぜいじめは起こるのか

　いじめは①攻撃性、②欲求不満、③攻撃動機、④スケープゴートの発見、⑤攻撃行動の5つの流れによって引き起こされます。①攻撃性は、そもそも動物は攻撃性や残酷さを本能的に持っている。②欲求不満は、学校や家庭、職場などで欲求が満たされず、不安や緊張でストレスが溜まっていく。③攻撃動機では、溜まったストレスを特定の誰かに向けて発散しようとする。④スケープゴートの発見は集団の同調圧力に従わない人、集団の基準からやや劣る人など、攻撃（発散）対象を決める。⑤攻撃行動、欲求不満を解消するため、言葉や暴力によって攻撃し攻撃対象を痛めつける。いじめは自分をも傷つける無意味な行動です。

# なぜ突然「キレる」のか

　「キレる」とは突然、爆発したように暴力や暴言を吐いたりする状態のことを指します。心理学では「爆発反応」と言います。「爆発反応」は些細なことがきっかけで衝動的に殴る蹴るなどの暴行をする「急性爆発反応」と、長期間にわたって受け続けたストレスが閾いき値ち（興奮を引き起こさせるのに必要な最小のエネルギー値）を超えたときに一気に爆発する「鬱積爆発反応」の２種類があります。「急性爆発反応」は短気で怒りっぽい、劣等感が強いといった傾向があります。「鬱積爆発反応」は生真面目で自己主張ができず、ストレスを発散できない傾向にあります。「キレる」のは年齢・性別を問わず、起こります。

# 犯罪者はなぜ男性が多いのか

　2018年の一般刑法犯（交通関係以外の殺人・強盗・放火などの犯罪）検挙人員は男性16万2974人、女性4万3120人（「令和元年版犯罪白書」法務省）と圧倒的に男性が多い結果となっています。この結果は毎年数の違いはあれど、男性がいつも多い結果になっています。これは男女の身体的・気質的違いが挙げられます。例えば、女性は男性に比べて暴力行為は苦手です。またどちらかというと、性犯罪や通り魔などの犯罪は女性が被害者になることが多いことも理由のひとつです。しかし、近年女性犯罪者も増えています。特に育児ノイローゼによる子殺しや夫殺し、子どもへの虐待が急増しています。万引きも女性に多い犯罪です。

## なぜ真面目な人が犯罪を犯すのか

　真面目な人や良い人のように犯罪を犯さないような人が犯人だった場合、疑問に思う人もいると思います。真面目な人や良い人は犯罪を犯さないと思いがちですが、犯罪は誰にでも起こせます。スイスの精神科医ユングは「人は誰でも社会で生きるための表向きの人格（ペルソナ）と、それとは逆の内的心象を持っている」と言っています。つまり、「良い人」「真面目な人」という仮面をかぶっているのです。しかし、仮面をかぶることは自分を偽るため、ストレスになります。そして、仮面姿と素顔の自分（人には言えない欲望）とのギャップが大きくなればなるほど、ストレスは倍増し、爆発して犯罪に走ってしまうのです。

## 人を殺したくなるのはなぜ

　殺人は「相手を消し去りたい」という強い感情から起こります。しかし、この感情は誰の心にも存在します。嫌なことが起こったとき、「あいつがいなければ」と思ったことがある人もいると思います。この感情が、殺人を起こすきっかけとなります。ただ「加害者になりたくない」などの気持ちがブレーキとなって、犯罪を犯さないだけなのです。殺人動機としては、「恐怖や強迫観念」「愛や憎しみ」があります。「恐怖や強迫観念」は、自分勝手な妄想や思い込みから犯罪に至るもの。「愛や憎しみ」は甘えよう（依存しよう）とした相手から拒絶されたと感じると、愛や憎しみは強い恨みに変わってしまうのです。

## 通り魔はなぜ起きるのか

　通り魔は特定の誰かではなく、不特定多数の人を殺すのが特徴です。警察の定義では、人が自由に行き来している場所が犯行現場です。また周囲から目立つように犯行に及ぶ、安定した仕事に就いていない、社会的集団から孤立していることも犯人の共通点です。特に20〜40代の男性が犯人であるケースが多く報告されています。犯人の生い立ちとしては、ネグレクト（育児放棄）や虐待を受けて、親からの愛や世話を受けられず、心が深く傷ついたまま育つ。そして定職に就かず、社会的集団からも孤立してしまう。次第に「社会が自分を拒絶している」と思い込み、自殺願望が芽生え、自殺の道連れに人をあやめてしまうのです。

## なぜストーカーになるのか

　ストーカーとは相手の気持ちに関係なく「好きだ」「付き合ってほしい」と執拗につきまとう人のことを指します。精神医学者の福島 章は「ストーカーの行為には、未熟な心性を持ったまま大人になった人間の心理が典型的に認められる」と言っています。つまり、未熟さが認知の歪み（物事のとらえ方が極端になっていること）を生み出し、ストーカー行為を行ってしまうのです。ストーカーは「思い込み→つきまとう→妄想→過激化」とステップを踏んでいきます。拒絶パターン（親密な関係が終わったあとに起こる）、恨みや妬みパターン（相手に恐怖心などを与えて自分の存在意義を見出す）など様々なパターンがあります。

EXTRA
# 2

# 押さえておくべき
# 心理の法則

# アイ・パターン（アイ・アクセシング・キュー）

## 考えていることが視線からわかること

　アイ・パターンとは心理セラピストのリチャード・バンドラーと言語学者のジョン・グリンダーが提唱した人間心理とコミュニケーションに関する学問「神経言語プログラミング」のひとつです。アイ・パターンは視覚・聴覚・体感覚に脳がアクセスする際に行われる眼の動きのことを指します。目線が左上のときは過去の体験を回想し、右上のときは未体験のイメージを想像しています。アイ・パターンがわかれば、相手がウソをついているか見破ることができます。

# アロンソンの不貞の法則

## 関係性が浅い相手から褒められとより嬉しいと感じる

　社会心理学者であるエリオット・アロンソンが提唱しました。例えば、家族から褒められるよりも新しい職場や学校で褒められた方が嬉しくはありませんか。家族や友人などの関係性の深い人間は味方や身内であると認識しており、関係性の浅い第三者から褒められた方がより客観的に感じられ、承認欲求が満たされます。この「アロンソンの不貞の法則」を使用してまだ関係性の浅いうちに相手を褒めておくと、良い印象を持ってもらえるでしょう。

# アンカーリング効果

## 特定の数値が判断に影響を与える

　最初に提示された情報や数値が印象に強く残り、その後の判断に影響を及ぼすことを「アンカーリング効果」と言います。例えば、5万9800円の商品を見たときに、今だけ2万9800円と書かれていたら、他社のものに比べて高かったとしても、お買い得に感じます。これは値引き前の価格がアンカー（基準点）になるため、安く感じるのです。ただし、アンカーリング効果はあくまでも事前情報がないときに働きます。事前情報がある場合、影響を受けることはありません。

# 一貫性の原理（行動原理）

## 自分の判断や行動を一貫させたい心理

　人は、一度起こした行動を通したい心理が働きます。これを「一貫性の原理」と言います。例えば、仕事をお願いされて引き受けたあと、「これも手伝って」とお願いされると、この一貫性の原理が働いて、面倒でも引き受けてしまうのです。一貫した態度や行動をとらないと、信用を失ってしまうのではと無意識のうちに感じ取っているのです。この一貫性の原理を使って、小さい要求から通して大きい要求も通す「フット・イン・ザ・ドア・テクニック」などがあります。

# ウィンザー効果

## 第三者を介すると信しん憑ぴょう性せいが高まる

　直接本人から伝えられるよりも、第三者を介した情報やうわさ話の方が、信憑性が高くなり、伝えた人も好印象になる心理効果を「ウィンザー効果」と言います。例えば、「〇〇さんがあなたのこと、綺麗だって言ってたよ」と伝えると、好意的に受け取られ、伝えた人も好印象になるのです。これはウソでも同じ効果を得られます。特に人を褒めるとき、気になる異性にアプローチしたいときに効果的な心理テクニックです。

# ギャップ効果

## 意外性で好感度を高める

　相手に普段見せている自分とは違う良い面を見せると、そこから生まれる意外性によって好感度が上がります。これを「ギャップ効果」と言います。これは恋愛でも使える効果ですが、ビジネスシーンでも効果を発揮することができます。普段はあまり良い評価をもらえていなくても、ここぞというときに頼りになると高評価を得られるでしょう。ただし、逆に普段良い人だと思われていても、ここぞというときに失敗すると大きく評価を下げてしまうので、注意しましょう。

# 暗闇効果

## 暗いところでは、つい本音を話したくなる

　アメリカの心理学者ガーゲンは、面識のない男女数人を明るい部屋と暗い部屋で過ごさせる実験を行いました。明るい部屋の男女は世間話などに終始し、暗い部屋の男女は、会話は少ないもののプライベートなことを話し出し、手を握りあったりする人まで出たそうです。暗闇で人は不安を感じ、誰かに寄り添いたくなったり、暗闇で自制心が弱まることで欲望を出しやすくなった「暗闇効果」が出たと考えられています。暗いところでは、男女の距離が縮まりやすくなるのです。

# クライマックス法・アンチクライマックス法

## 結論を最後に持っていく話し方、最初に持っていく話し方

　結論を最後に持っていく話し方を「クライマックス法」、最初に持っていく話し方を「アンチクライマックス法」と言います。これはアメリカの心理学者ハロルド・スポンバーグが提唱しました。クライマックス法は、正攻法の話し方で、起承転結と進んでいくため、話をじっくりと聞いてくれる相手におすすめです。一方、アンチクライマックス法は結論から話すため、急いでいる人や上司への報告などにおすすめです。相手とタイミングを見て、話し方を変えましょう。

# 系列位置効果

## 最後に言われた方が記憶に残る

　系列位置効果とは、記憶するときにその順番によって記憶の度合に差が生まれることを言います。少ない情報のときはあとの情報が強く印象付けられます。例えば、「〇〇さんって良い人だけど、神経質」と聞けば、神経質の印象が強くなります。また、たくさんの情報があるときに、最初と最後の情報が記憶に残りやすいです。最初の情報が記憶に残りやすいことを「初頭効果」、最後のことを「親近化効果」と言います。相手に伝える際は、伝える順番に気をつけましょう。

# ザイアンスの法則

## 知らない人からは冷たくされやすい

　アメリカの心理学者ロバート・ザイアンスは「ザイアンスの法則」の第1法則で「人は知らない人に対して攻撃的、冷淡になる」と示しました。これは、よく知らない人にお願い事をすると冷淡に断られる可能性が高く、よく知っている人にお願いする方が承諾されやすいことを表しています。第2法則では人は会えば会うほど親しくなる（単純接触効果）。第3法則では、人は相手の人間的側面を知ると、より好意を持つ。この3法則を「ザイアンスの法則」と言います。

# スリーパー効果

## 最初は疑っていても時間が経つと信用する

　アメリカの心理学者カール・ホブランドが提唱した「スリーパー効果」とは、最初は「信憑性が低い」という情報でも時間が経つにつれて、その認識が薄れ、信じてしまう心理現象のことを言います。これは、情報の信憑性が忘れられる＝眠ってしまうという意味から「スリーパー効果」という名がつけられました。この効果を使った例としては、遊び人風な人が好きな人に「好きだ」と言い続ければ、最初は信じていなかった相手もその気持ちをだんだん理解できるでしょう。

# ゼイガルニク効果

## 盛り上がり始めた話を中断されると気になってしまう

　人は話が盛り上がり始めたときに中断されると、早く続きが聞きたいと思ってしまいます。これを「ゼイガルニク効果」と言います。この効果は TV 番組などでよく使われています。例えば、ドラマなどで「このあとどうなるの？」というシーンで次回予告になるのは、続きを見たいという気持ちにさせ、視聴率をキープするためです。ビジネスシーンでも、話の途中で時間だからと切り上げれば、相手にまた会いたいと思わせることができるでしょう。

押さえておくべき心理の法則

# 単純接触効果

## 接触回数が多ければ多いほど、好感度が高くなる

　人は接する機会が多ければ多いほど、相手に好感を抱きやすくなります。これを「単純接触効果」と言います。会う回数が増えるほど印象が良くなっていくため、あいさつ程度でも会う回数を増やせば、相手に良い印象を抱いてもらえるでしょう。ただし、この効果は最初の印象が悪かった場合、印象を良くしてからではないと逆効果になります。また効果が得られるのは、最初の10回までだと言われています。回数と印象に注意しましょう。

# バーナム効果

## 一般的・抽象的なことを自分のことだと思い込む

　誰にでも当てはまることを、自分のことだと信じ込ませる心理テクニックを「バーナム効果」と言います。この効果は、自分にとって都合の良い情報や抽象的な情報、情報提供者の評判や専門性などが高いときに顕著に表れます。特に占いなどで使われる効果です。例えば、「あなたは几帳面な人です」と言われると、自分には几帳面な一面があるなと感じてしまうのです。バーナム効果は占いに限らず、ビジネスシーンや恋愛でも使用することができます。

# バンドワゴン効果

## 多数派に同調したくなる心理

　バンドワゴンとは、パレードの列を先導する楽隊車のことで、「勝ち馬に乗る」「多勢に与くみする」「時流に乗る」といった意味があります。バンドワゴン効果とは、みんながやっているから自分もやるといった考えや行動のことを指します。「人気 No.1」「ベストセラー」などの謳い文句もバンドワゴン効果を利用しています。一方、不利な状況にあるものを助けたくなる心理は「アンダードッグ効果（負け犬効果）」、人と同じは嫌だという「スノッブ効果」もあります。

# ピグマリオン効果

## 期待することで相手のモチベーションがアップする

　「ピグマリオン効果」とは、アメリカの教育心理学者ロバート・ローゼンタールが提唱した効果で、人は期待された通りの成果を出す傾向があることを言います。「ピグマリオン」とはキプロス島の王ピグマリオンが、自ら彫刻した乙女像に人間になってほしいと祈り続けた結果、本当に人間になったというギリシャ神話からつけられました。この効果は、教育や人材育成といった場面でよく使われています。叱るのではなく、期待することが大切です。

押さえておくべき心理の法則

# フレーミング効果

## 相手の思考の枠組みを変える

　人は常に無意識のうちに解釈の枠組みを使っています。しかし、その枠組み（フレーム）を見せ方や表現を変えることで、変化させることを「フレーミング効果」と言います。例えば、「含有量1ｇ」と伝えるよりも「含有量1000mg」と伝える方が、同じ量（1g=1000mg）でも多く感じます。このように言い方ひとつで、相手の思考の枠組みは変えられるのです。言いづらいことや大したことではない話でもフレーミング効果を使えば、効果的に相手に伝えることができます。

# ペーシング法・ディスペーシング法

## 声のトーンや話すテンポを相手に合わせること、合わせないこと

　相手の態度や言動、感情に無意識に同調することを「ペーシング」と言います。一方、同調行動を取らないようにすることは「ディスペーシング」と言います。ペーシングは同調することで、相手を安心させ、信頼関係を築くことができます。会話も弾むことでしょう。しかし、ディスペーシングは会話が弾まず、関係性を構築することも難しくなります。ディスペーシングはクレーマーなどと話すときに使うと、効果を発揮します。クレーマーには冷静な態度で接しましょう。

# 返報性の原理

## 人から何かされるとお返しをしたくなる心理

　人から何かしてもらうと、相手に悪いなという罪悪感が生まれ、お返しをしたい気持ちになります。これを「返報性の原理」と言います。またお返しができないほど与えられてしまうと、最終的に相手に対して憤りを感じてしまいます。このような罪悪感や心苦しさを「心理的負債」と言います。返報性の原理の中には、誰かから好意を持たれると、その人に対して好意を持つ「好意の返報性」、誰かに悪意を持たれたら悪意を持ってしまう「悪意の返報性」などがあります。

# リンゲルマン効果

## 集団だと個人の貢献度は低くなる

　ドイツの心理学者マクシミリアン・リンゲルマンの綱引き実験から、綱を引く人数が増えれば増えるほど、個人の貢献度が下がることがわかりました。つまり、集団の中にいると「誰かがやってくれる」という意識が生まれ、個々人の力は出さなくなったのです。これを「リンゲルマン効果」と言います。複数人で何かを行うときは、一人ひとりの責任を明確にしたり、指名したりするなどして、手抜きをさせないようにしましょう。

押さえておくべき心理の法則

# ローボール・テクニック

## 最初に好条件を受け入れさせてから不利な条件を突きつける

　「ローボール・テクニック」とは、初めに相手が承諾しやすい好条件を出し、徐々に相手にとって不利な条件を突きつける手法のことを言います。これは詐欺などでよく使われるテクニックです。「ローボール」とは誘い玉のことを指し、受け取りやすいボールを意味します。つまり、誘い玉を投げられて受け取ると、そのあとの玉も受け取ってしまうのです。例えば、書類作成を頼まれて引き受けたあと、印刷して配っておいてと頼まれると、受け入れてしまいます。

# ロミオとジュリエット効果

## 障害があるほど、愛は激しく燃え上がる

　カップルは障害があるほど燃え上がり、それが本当の愛だと錯覚することを、シェイクスピアの戯曲『ロミオとジュリエット』から「ロミオとジュリエット効果」と言います。ロミオとジュリエット効果は、禁じられると逆らいたくなる心理「カリギュラ効果」が働き、恋の熱量の高さと勘違いしてしまうのです。駆け落ちや不倫、格差婚など、恋愛でよく見られる心理現象です。この効果を使って、高嶺の花を演出するといった活用方法もあります。

# 暗闇効果

## 暗いところでは、つい本音を話したくなる

アメリカの心理学者ガーゲンは、面識のない男女数人を明るい部屋と暗い部屋で過ごさせる実験を行いました。明るい部屋の男女は世間話などに終始し、暗い部屋の男女は、会話は少ないもののプライベートなことを話し出し、手を握りあったりする人まで出たそうです。暗闇で人は不安を感じ、誰かに寄り添いたくなったり、暗闇で自制心が弱まることで欲望を出しやすくなった「暗闇効果」が出たと考えられています。暗いところでは、男女の距離が縮まりやすくなるのです。

# カリギュラ効果

## ダメって言われるとかえって興味を掻き立てられてしまう

「やってはいけない」「見てはいけない」と言われるとやりたくなる心理のことです。人は、禁止されるとその対象への興味が増してしまうのです。マーケティングや人のコミュニケーションにおいて、よく使われる法則のひとつ。「絶対に見ないでください」と謳った広告や映像などをついつい見てしまう（見てしまいたくなる）のは、まさにカリギュラ効果。相手に興味をもたせたいときに「こっち見ないで〜」とあくまで軽く言うと、高い確率で興味を惹かれます。

## ホーソン効果

### 人は見守られていると頑張れる生き物

　アメリカのある工場で、工員たちに「生産性について実験をしています」と知らせただけで、生産性や作業効率が格段に上がったという結果が得られました。工員たちが「見られている」「見守られている」と意識したことでモチベーションが上がり、生産性が上がったと結論づけられました。一人で作業するより「見られている」と頑張れるという、この現象は工場の名前をとって「ホーソン効果」と呼ばれています。

## サンクコスト効果

### うまくすれば相手がいっぱい貢いでくれる

　恋愛関係の二人の気持ちの温度差（惚れる気持ちの大きさ）が大きい場合、惚れている側は愛を得ようと尽くしたり、貢いだりします（個人差はあります）。このように労力やお金をかけ、そのぶん愛情などで報われると考えることを「サンクコスト効果」と言います。ただ、実際に貢いだぶん報われることは少ないといわれます。これを逆手にとって愛情をちらつかせ、相手にお金や労力を使わせることができるかもしれません。

# 自己成就予言

## 「〇〇になる！」と断言すると、その夢は実現する！？

　夢や成功を実現させるためには、まず実現できると信じることです。そして夢に向かって努力することです。人は、その夢を言葉にすることによって、無意識のうちにその成功するイメージどおりの行動をとり、本当にかなえることがあります。それを「自己成就予言」と言います。プロ野球選手などが、小学生のときの卒業文集に「プロ野球選手になる」と書くことなどがまさに、それです。夢があれば言葉にしてみましょう。

# ゲイン・ロス効果

## 第一印象が悪くても、評価を覆すことはできる

　いわゆる「コワモテ」の男性は、女性にとって第一印象があまりよくありません。ただ、そんなコワモテの人がお年寄りに席をゆずったりするところを見ると「なんて優しい人なんだろう」と印象が一転して評価が爆上がりしたりします。これは「ゲイン・ロス効果」と呼ばれています。人間関係において、第一印象がかなり大切と言われていますが、たとえ最初の印象が悪くても、巻き返すことはできるのです。

押さえておくべき心理の法則

最期まで読んでいただき、ありがとうございます。

　読後のみなさんは、心理術にはさまざまなテクニックがあるなと感じていただけたかと思います。

　対人関係、日常生活やビジネスシーンで使える300以上の心理術のテクニックを紹介しました。また、付録的に心理の雑学と心理法則（学説等）も盛り込んでみました。

　楽しんで読んでいただけたと思いますが、ここから大切なことは、読んでいただいたそのテクニックをみなさんが実践することです。最初は難しいこともあるかもしれません。300以上のなかから自分ができそうなテクニックを徐々に試みてください。

　本書で紹介した心理術のテクニックは、人間関係を良好なものにすること、コミュニケーションスキルの向上を目的としています。きっと、あなたの生活を楽しく豊かなものにしてくれると思います。

西島 秀穂

# 参考文献

『これだけは知っておきたい「心理学」の基本と実践テクニック』
　匠英一（フォレスト出版）

『ニュートン式 超図解 最強に面白い!! 心理学 人間関係編』
　横田正夫（ニュートンプレス）

『心理学・入門心理学はこんなに面白い改訂版』
　サトウタツヤ・渡邊芳之（有斐閣）

『教養としての心理学101』
　デルタプラス編集部（編）／心理学用語集サイコタム（監）（デルタ
　プラス）

『あなたも心理学者！　これだけキーワード50』
　ジョエル・レヴィー（著）／浅野ユカリ（訳）（ディスカヴァー・ト
　ゥエンティワン）

## 西島秀穂（にしじま・ひでほ）

1973年生まれ。埼玉県出身。心理研究家。大学卒業後、中堅マーケティングリサーチ会社に勤務しながら、心理術の研究を始める。40歳で独立、現在は心理術のビジネス活用をメインに個人コンサルティング事業を展開している。「即効性」「日常への取り入れやすさ」が定評。著書に『たった一言で心を支配する 相手を操る心理術事典』『たった一言で誰もがあなたを信頼する 心に入り込む裏心理術事典』『大人のための心理術の使い方BOOK』（いずれも総合法令出版）などがある。

※本書は2020年9月刊『見るだけで人の心がわかる！大人の心理術ノート』を加筆・修正したものです。

視覚障害その他の理由で活字のままでこの本を利用出来ない人のために、営利を目的とする場合を除き「録音図書」「点字図書」「拡大図書」等の製作をすることを認めます。その際は著作権者、または、出版社までご連絡ください。

## すごい心理術大全
### 「心」と「行動」の関係がわかれば人生は思い通り

2023年3月22日　初版発行

著　者　西島秀穂
発行者　野村直克
発行所　総合法令出版株式会社
　　　　〒103-0001 東京都中央区日本橋小伝馬町15-18
　　　　EDGE小伝馬町ビル9階
　　　　電話　03-5623-5121
印刷・製本　中央精版印刷株式会社